我
们
一
起
解
决
问
题

清华大学校级研究生精品课配套教材

项目管理案例

杨　述◎著

人民邮电出版社

北　京

图书在版编目（ＣＩＰ）数据

项目管理案例 / 杨述著. -- 北京 ：人民邮电出版
社，2023.9
ISBN 978-7-115-62308-9

Ⅰ．①项… Ⅱ．①杨… Ⅲ．①项目管理－案例 Ⅳ.
①F224.5

中国国家版本馆CIP数据核字(2023)第126124号

内 容 提 要

"乌卡"（VUCA）时代的到来使项目管理不再局限于软件、IT 等行业，各个行业领域都需要运用项目管理知识来提升个人在组织中的技能。项目管理案例是项目管理知识与实践的载体，读者更容易通过案例理解和捕捉项目管理理念与方法，并将其应用于实践。

本书是作者在清华大学主讲的校级研究生精品课的配套教材，内容全面同步国际项目管理前沿，包括价值交付、精益、敏捷、虚拟团队、领导力等最新理论与实践成果。本书共计26 个案例，每个案例都很经典，均来自企业真实的实践，其中都包含了管理者不得不面对和解决的问题。本书的案例大多是作者 20 年来担任企业咨询顾问期间亲身经历过的，其他案例则来自与项目亲历者的访谈交流，以及所指导的研究生完成的企业调研。

各个行业领域的项目管理从业者都可以在这些案例中获得新知，并通过举一反三，将其应用于自己的实践中，从而提升项目管理的综合能力。同时，本书还适合高校项目管理类专业的学生、备考 PMP® 的人员阅读。

◆ 著　 杨 述
　　责任编辑　杨佳凝
　　责任印制　彭志环

◆ 人民邮电出版社出版发行　　　北京市丰台区成寿寺路 11 号
　　邮编 100164　电子邮件 315@ptpress.com.cn
　　网址 https://www.ptpress.com.cn
　　三河市君旺印务有限公司印刷

◆ 开本：720×960　1/16
　　印张：14　　　　　　　　　　2023 年 9 月第 1 版
　　字数：200 千字　　　　　　　2025 年 10 月河北第 8 次印刷

定　价：79.80 元

读者服务热线： （010）81055656　印装质量热线： （010）81055316
反盗版热线： （010）81055315

本书是我在清华大学主讲的校级研究生精品课的配套教材。案例教学是在全球各大商学院管理课程中被广泛采用的教学方式。项目管理案例的课程内容既典型，又不拘一格、生动鲜活，易引发学生思考，因此深受欢迎。

在二十多年的项目管理研究和教学中，我发现对学生帮助最大的不是教会他们如何使用项目管理的方法和工具，也不是给他们讲述逻辑和概念，而是带他们领略真实发生在企业实践中的案例，因为这些案例中的场景正是他们可能会经历的，这些案例中的困难也正是他们将要面对的。这些案例中的解决思路往往会让他们茅塞顿开，拍案叫绝！这些案例给他们留下了深刻的印象。如果这些案例能够点亮读者的智慧，那么这本书的写作目标就实现了；如果这些案例还能让读者在职业发展中避开一些雷区，少走一些弯路，那么这本书已经超出我的预期了。

书中的 26 个案例全部来源于真实的项目场景，每一个案例都很经典，都是管理者在企业管理实践中不得不面对和解决的问题。本书力求将案例场景真实再现，给读者完全的代入感："此情此景下，我该怎么办？"

本书的案例有些来自我的亲身经历，有些来自与项目亲历者的访谈交流，有些来自所指导的研究生完成的企业调研。本人深感每一个优秀的案例都来之不易，只有刻骨铭心的经历，才能换来精彩绝伦的案例。然而，不是每个亲历者都愿意再次揭开经历中刚刚愈合的伤口，也不是每家企业都有刮骨疗毒的勇气和格局。为了保证读者获得足够的价值，本书在筛选案例的过程中始终坚持宁缺毋滥的原则，从积累的近千个项目管理案例中筛选出 26 个。好的案例不仅引人入胜，而且发人深省，给人启迪。看了开头就知道结局的案例是不合格的，而"情理之中，意料之外"才是案例入围的标准。

在本书的写作中，我也遇到了很多困难，比如，虽然案例本身相当精彩，但因为情节过于真实，被访者担心给自己和企业带来负面影响，即便采用化名，有心的读者也能够从字里行间揣摩出这是哪家公司，所以只能在避免负面影响和保留案例价值之间寻求平衡。我必须感谢那些勇敢剖析自己并启发广大读者的"英雄"！在读者心中，这些案例就像夜空里最亮的星，指引着他们前行。

在编辑每一个案例时，我并不想刻意提炼出规律，上升到某种理论层面的高度，我相信智慧来自实践，高手常在民间。一个优秀的案例往往超凡脱俗，任何涂抹都是多余的，保留原汁原味、抱朴守拙才是对案例最好的尊重。

感谢华为公司等众多优秀企业的一线项目管理者，尽管他们隐姓埋名，但他们分享的经历和展现出的才华照耀着我们项目管理实践之路。

感谢每一届研究生，他们凭借严谨的学术作风和孜孜以求的探索精神，不断为我们挖掘出优秀的案例，开启了探索项目管理知识宝藏的大门。

感谢人民邮电出版社负责本书的责任编辑杨佳凝，她将她的用心和专业融入了字里行间。正是她和她的团队夜以继日、不辞辛苦地付出，才让本书高效出版，带着墨香与你见面。

优秀的案例浩如烟海，我深知自己的渺小，本书不过撷取沧海一粟。我有一个小小的愿望，那就是让这本《项目管理案例》成为一粒火种，点燃你的热情，使你愿意与我们共同探索项目管理案例的瑰宝。相信你的故事更加精彩，也期待你能讲给我听，我愿意做那根线，把这些"珍珠"串成项链，让更多项目管理者得到你的启发、受到你的指引。

我的邮箱：yangshu@tsinghua.edu.cn

杨　述

2023 年 6 月　清华园

目录

1. 背光

案例背景

团队接到一个紧急项目，为一款新车开发遥控钥匙。领导说，客户是因为原供应商无法满足他们的要求才临时找到我们的。我们公司虽然成立时间不长，规模也不大，不过这几年凭借较强的研发能力和服务意识，在行业中已经建立了良好的口碑。

汽车遥控钥匙并不是高科技产品，也没有多大的技术难度。不过，当团队拿到项目需求文档时，还是感到有些意外，因为可以看出客户对这款遥控钥匙的期望值很高，很多需求都很特别，比如，如图 1-1 所示，客户要求环形玉佩造型，纯陶瓷外壳，手感温润如玉，按键要有背光。团队因此一下子就兴奋了起来，因为从来没有做过这样的遥控钥匙，所以非常令人期待！

图 1-1　环形玉佩遥控钥匙造型

遭遇难题

　　刚开始进入开发阶段，问题就接踵而至，比如，环形玉佩造型使内部元器件的布置空间非常受限，甚至无法容纳常规容量的纽扣电池，线路板的设计、加工也遇到了前所未有的挑战。虽然如此，但团队心气很高，憋着一股劲儿一定要展现自己的实力，满足客户这些看上去有些奇怪的需求。经过团队不分昼夜地奋战，难题一个个被攻克，终于可以拿出一版原型机给客户演示了。

客户摸着如羊脂玉一般质感的遥控钥匙，赞不绝口。正当项目经理掩饰不住内心的喜悦之时，客户突然皱了一下眉头说："为什么按键背光的颜色是红的？"项目经理一时语塞，因为他也不知道为什么是红色的，需求文档中只提出要有按键背光，并没有颜色上的要求。客户说，"背光红色不行，必须改成白色，因为车上所有按键背光都是白色，必须保持颜色统一"。

客户需求合情合理，而且改背光颜色应该不是什么大事，所以项目经理当场便爽快地答应下来："回去马上改！"

可是谁也没有预料到，噩梦就此降临。团队把红色的 LED 灯珠换成白色灯珠后，按键背光忽明忽暗，甚至完全不亮，团队调整了无数次参数，更换了很多家供应商的 LED 灯珠，始终无法排除这个故障。这究竟是怎么回事？技术人员一筹莫展，眼看承诺客户的交付时间快要到了，项目经理像热锅上的蚂蚁，急得团团转。

公司领导也坐不住了，这样下去不仅是一个项目失败这么简单，如果耽误客户整车上线的时间，那么这个损失是公司无法承受的，而且如果连按键背光问题都解决不了，那岂不成了圈内的笑话！好不容易形成的口碑也将毁于一旦。

于是公司领导请来了 LED 领域的技术专家，专家的确经验丰富，直接给出了答案，即不同颜色的 LED 灯珠所要求的激发电压不一样，白色 LED 灯珠的激发电压要求 3V 以上，红色 LED 灯珠的激发电压要求最低，2.5V 就够。而新的纽扣电池的电压只有 3V，当电量减少时，电压就不足 3V 了，所以难以点亮白色 LED 灯珠。于是团队自嘲："想改颜色？就得给你点颜色看看！"

可是，客户明确要求白色背光，怎么办呢？而且客户每天都打电话催项目进度，项目团队干着急却无计可施。这该如何跟客户解释呢？

绝处逢生

团队里有个脾气火暴的工程师最先发飙："吃饱了撑的吗？要什么背光？"

对呀，为什么遥控钥匙要有背光呢？别的品牌的车钥匙有没有背光？项目经理一下子来了精神："快！快！把你们的车钥匙都掏出来！"大家一头雾水，有车的都把车钥匙放在桌子上，大家发现无论哪种品牌的车，其遥控钥匙都没有背光！

为什么他们都不设计按键背光？这很难吗？肯定另有原因！

项目经理打电话请教在传统车企做了十几年技术开发的老同学，老同学呵呵一笑说道："为什么遥控钥匙不设计按键背光？太费电呗！没有背光，一枚纽扣电池可以用 2~3 年，而有了背光，估计只能用 2~3 个月！"

这个回答让项目经理感觉如同在快要淹死的时候抓住了一根救命稻草，如果能说服客户取消背光，那么一切问题就都不是问题了。

项目经理立刻约了客户去登门拜访，客户听完原因，冒出一身冷汗，说道："是呀，没有哪个车主能接受两三个月就要换一次车钥匙的电池！"所以客户当场宣布取消背光，抓紧量产！

项目团队如释重负，经过这次劫难，项目经理感觉到每个行业领域都有其自身的智慧，这些智慧大多是经过无数挫折和失败换来的。

案例分析与总结

❖ 遇到困难不必惊慌，仔细分析原因，积极请教专家。

❖ 不要轻言放弃，只有坚持不懈，才能柳暗花明。

❖ 事出反常必有妖。创新过于与众不同，往往伴随着其他的代价。

❖ 简单带来可靠，复杂招致风险。

❖ 能够说服客户修改需求的往往不是你的困难，而是客户的困难。

❖ 多站在客户的角度，坚持价值交付的理念，这样更容易获得客户
的理解和信任。

2. 突破限高

案例背景

2018 年 3 月，Y 地产公司以招拍挂的方式获取了 G 市空港商业区地块。获取地块后公司马上组建了矩阵式项目部（如图 2-1 所示）。

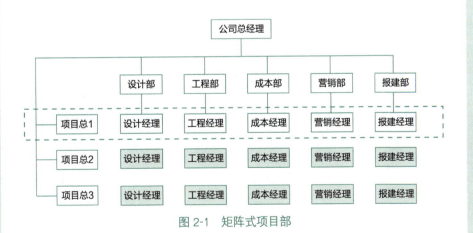

图 2-1 矩阵式项目部

地块距离 G 市机场跑道的最近直线距离约 4.7 千米。在土地出让文件的"规划设计条件"中，未明确规划限高要求，也未提及机场限高问题。

虽然规划部门在批复方案时只要求"临水一线建筑控高 ≤ 45 米，其余建筑控高 ≤ 60 米"，但提出了"建筑高度应以 G 省机场管理集团有限公司确认的高度为准"。项目团队按此批复设计了多栋 20 层住宅楼。

项目团队在开工建设中途才了解到，土地出让时政府根据 2013 版《G 市国际机场净空区域障碍物高度控制图》规划了建筑高度。但是 2019 年 G 市国际机场编制了《G 市国际机场航行服务程序净空保护区域一体化图》，由于机场扩建第三跑道，净空限高发生了变化，20 层住宅楼的规划高度突破了净空限高发生变化后的障碍物限制面高度，如图 2-2 所示。

图 2-2　规划住宅楼高度与障碍物限制面

2019 年 10 月，规划局了解情况后主动书面征询机场限高意见，同年 11 月 4 日获得机场书面回复意见：项目高度超出了机场限高要求 9~18 米。

致命影响

根据前面的分析，项目团队拟建的建筑高度突破了 G 市国际机场规划跑道障碍物限制面高度。若严格按机场限高修改设计，大部分楼栋均需降低 3~6 层，合计将减少 39 层，共计 212 套，货值损失将超过 4 亿元。

这是谁的责任呢？

- 投资部表示，不关我们的事！拿地的时候没有限高要求。
- 报建部表示，不关我们的事！投资部没有说限高要求，而且规划局也批了建设方案。
- 设计部表示，不关我们的事！我们是按规划局批复的高度做的设计方案。
- 成本部表示，不关我们的事！我们是按设计方案测算的成本。

项目团队反复讨论，希望找到解决方案，拟订如下可选方案。

- 方案 1：降低高度，少建几层，承受 4 亿元的货值损失。投资人立刻表示，不可能这样做！

- 方案 2：由于限高很低，如果要做到既不损失建筑面积又不超限高，则需要新建 3 栋楼。但是设计部表示，总平面图无法排下这么多楼栋，即使勉强建造，也会严重损害建筑品质。

- 方案 3：和政府商量，请求政府退一部分地价。但好几个部门表示，不可能实现。

问题无解，项目陷入了僵局。

峰回路转

项目团队没有选择，只能背水一战！通过多方调研各个城市的机场周边项目，并向多位民航局的退休专家请教，最终得知，根据《国际民用航空公约》附件 14《机场》和《民用机场飞行区技术标准》中的相关规定，"新物体或现有物体进行扩建的高度不应超出起飞爬升面、进近面、过渡面、锥形面以及内水平面，除非该物体被另一现有不能搬迁的障碍物所遮蔽"。按此规定，如果项目周边存在能够遮蔽该项目建筑物的更高的物体，如图 2-3 所示，那么仍然存在突破限高的可能性。

图 2-3　建筑物遮蔽关系图示

　　找到方向后，团队马上对项目周边现有的建筑物、构筑物进行调研。经过调研得知，项目周边存在某产业园项目、金融办公项目、广播天线塔、雷达天线等障碍物，它们位于内水平面和锥形面内，突破限高 10.6~105.1 米。专家建议，团队可以选取上述障碍物作为遮蔽物进行遮蔽分析，尝试突破现有的航空限高。

　　项目团队得到政府协助，找到了专门做航空技术分析的专业单位。该单位反馈，预计调研、方案编制、报审、组织专家会的费用大约300 万元。由于费用较高，所以项目团队协调区政府组织周边 4 个其他类似的项目一起打包处理，分摊费用。最终，该项目团队仅需承担50 多万元的费用。

　　在团队的努力和政府的协调下，专业单位编制了《G 市机场周边五宗地块民航航行遮蔽分析报告》，并于 2020 年 4 月由民航局组织专家论证会，与会专家一致认为五个地块"拟建海拔高度可被遮蔽"，民航局根据专家意见出具了《G 市机场周边五宗地块建筑高度审查意见函》，确认建筑高度可维持原规划高度，问题得到了妥善处理。

案例分析与总结

✧ 每个项目都有其独特性，该项目单位在拿地前就应该摸查地块的限高等各种限制条件，包括规划限高、民航限高、空军限高等，主动征询相关单位，获取明确的书面意见。

✧ 当遇到条件变化给项目带来困难时，不要轻言放弃，可以请教专家和业内资深人士，积极寻求突破口。

✧ 每个职能部门都没问题，不代表项目本身就没问题，需要把职能横向拉通，从整体角度看问题。

✧ 在分析解决方案的时候，一定不要漏掉任何项目干系人，因为有的干系人可能会给你的项目制造麻烦；同样，有的干系人可能会帮你解决麻烦。

3. 自救之路

案例背景

　　某省信息安全基地项目旨在打造以信息安全产业为核心的发展模式，聚集大量高科技信息产业企业，充分发挥园区内产学研机构在信息安全领域的专长，形成具有代表性的信息技术产业发展模式和数字城市发展雏形。基地整体规划约 80 万平方米，一期项目占地面积 6.67 万平方米，建筑面积 12.98 万平方米。一期项目规划包括 31 栋 3F~4F 办公别墅、2 栋 5F~7F 综合办公楼、4 栋 9F 住宅以及一层约 5 万平方米的大车库。主要业态包括独栋办公组团、IT 主题酒店、人才公寓、综合楼、孵化楼等，其中，综合楼配套 9000 平方米黑客攻防对战厅。此外，园区还配有游泳池、网球场、篮球场、排球场等运动场所。在发承包阶段，合同金额为 3.54 亿元，工期为 12 个月，项目测算收益率为 1.13%。

深陷泥潭

团队进场后，盘点结果显示，项目预计亏损约 6000 万元，达到了合同金额的 16.95%。经过分析，形成这一状况的主要原因有三个：（1）业主在当地成立建设公司，人员是临时组建的，经验不足，因此清单中存在较多的遗漏项；（2）我方在投标时，未能提前调研当地的材料、人工、机械等实际的采购成本，而只是单纯地根据经验进行测算；（3）业主需求不断变化，比如，招商过程中多次更换拟引入的企业，对办公室的布局要求进行多次修改，使得项目多次停工，工期严重延误，违约难以避免。此外，亏损问题持续恶化，团队士气低迷，项目深陷泥潭。

寻找突破口

公司不能容忍因放弃项目而带来的声誉损失，业主也无法接受工期延误的后果，项目团队陷入窘境，别无选择，只能走上自救之路。

如何自救呢？商业的本质是盈利，必须想办法让项目扭亏为盈，这是最核心也是最现实的目标。团队于是坐下来认真分析，目前的处境是干得越多赔得越多，造成这种局面的元凶到底是什么？团队经过激烈讨论和反复推演，识别出造成项目亏损的主因就是进度拖延。当地属于最热门的旅游城市之一，生活成本高，这直接导致劳务成本比其他同级别的城市高；同时，当地对环境保护的要求也高于其他同级别的城市，建筑材料的开采、运输、储存的成本都高；施工过程中的排放控制、降尘降噪等措施的费用也远远高于一般项目。工期一旦被拖延，成本就会随着工期的延长而直线上升。此外，频繁地变更会导致大量返工，不但直接影响工期，而且也会因为窝工和租赁设备的闲置使项目成本进一步上升。为了抢工期，项目团队难免会对质量控制做出妥协，由此带来质量缺陷增加。而修复缺陷不但使进度延误雪上加霜，而且会直接带来成本上升，还会增加交付后的质保成本。项目就这样被卷入恶性循环的旋涡，亏损像雪球一样越滚越大，形成了成本"黑洞"。

当务之急是必须压缩工期！项目中哪里会存在压缩工期的空间呢？团队一次次挑灯夜战，步步推导，功夫不负有心人，终于找到了几个突破口。

（1）拓宽临时道路

项目现场场地狭小，可利用的作业空间十分有限，因此如何策划好施工场地的布置尤为关键。例如，该工程总平面设计中建筑物的布置过于饱满，项目西侧、南侧的建筑物外轮廓与用地红线之间的距离最窄处不足 6 米；考虑到落地脚手架的宽度和安全距离，临时道路的宽度仅勉强够一辆车通行；并且红线外为农植耕地，无法借助通行。

项目团队考虑到临时道路宽度的影响，在经过认真推演后发现，按目前的道路宽度做出的施工部署将严重影响施工速度。于是项目团队立即做出分工，分头行动，找村书记了解拓宽道路的阻碍，找村民了解借用耕地的赔偿意愿，测算耕地进行素土回填的成本等，多方面同时进行，全面摸清拓宽道路的可行性。项目部通过路宽的影响性分析和成本预测，与业主领导进行积极沟通，通过翔实的数据和严谨的推演，帮业主对比分析了现有的道路方案和拓宽临时道路方案对项目进度及成本的影响，最终获得了业主对拓宽临时道路方案的认可。

在村委会的见证下，项目部与周边受到影响的村民签订了临时用地协议书，最终在项目西侧、南侧通过素土回填耕地和鱼塘，共拓宽道路 300 余米长、12~15 米宽，回填素土方量约 8265 立方米，如图 3-1 所示。耕地赔偿、回填作业、路面硬化等所发生的费用全部由业主承担。

耕地

拓宽
范围

鱼塘

图 3-1　道路拓宽示意图

临时道路的拓宽对加快施工进度起到了关键性的作用。

（2）变更设计

因受到激烈的市场竞争环境的影响，大部分工程项目团队从人员进场开始就一直处于紧张的抢工状态，而履约中最常出现的便是工期计划与工程质量之间的矛盾。为了赶工期、抢进度，团队通常容易在工程质量的管控上做出妥协，而往往一些小的质量妥协就可能增加返工的风险，导致竣工后要反复维修，造成项目工期和成本方面的双重损失。

项目位于海边，每年 5~10 月为台风多发季节，且夏季降雨量大。在与周边项目工作人员、当地质监部门的交流中了解到，许多工程项目出现了外墙严重渗水的情况，而查找渗漏水点极为困难，虽多次反复维修处理，但效果仍不佳。

项目团队预测，如果按照现有的设计来施工，那么大概率会出现和其他项目一样的外墙渗漏水的质量问题。为了确保工程质量，避免返工，项目团队多次与业主沟通，最终获得业主同意，由设计院出具设计变更意见，为保障外墙的防水性能，将外墙砌筑材料由蒸压加气混凝土砌块改为蒸压灰砂砖，并在外墙饰面装饰前涂刷一层 JS 防水涂料，相应增加的材料费、人工费等均在变更洽商中予以确认，业主同意承担。

（3）明确授权

团队在分析中发现，影响项目进度的重要因素还有在项目管理过程中，无论甲方还是乙方，都存在管理层级多、流程长、沟通成本高且决策效率低的问题。例如，针对财务支出审批，需要项目团队在本公司内部按照流程一级一级上报、一级一级审批，到了业主那里，同样还要一级一级上报、一级一级审批，而且一笔支出的审批单据还经常被退回，需要反复修改。也就是说，流程本身就长，还需要走很多遍。每一笔支出真的都需要这样繁杂和冗长的流程吗？其实，在审批流程中，因为处于中间环节的各级审批者客观上没有得到明确授权不能做出决策，并且主观上为了避免承担责任也不愿意做决策，所以就把责任推给领导。项目中存在不少因为等待决策而造成窝工的情况。

项目团队在设计出一个决策矩阵后与业主沟通，按照支出金额等级和风险等级两个维度事先确定量表，将两个维度的等级评分相乘，再根据乘积确定审批权限，如图 3-2 所示。

等级	金额（万元）	风险
1	<2	极低
2	2~10	低
3	10~20	中
4	20~50	高
5	≥50	极高

乘积	审批权限
≤2	主管
3~6	项目经理
8~10	项目总
12~15	公司总经理
≥16	领导集体

图 3-2　决策矩阵

为什么不只根据支出金额的大小来确定审批权限呢？因为有些支出虽然单笔金额不大，比如只有几千元，但支出频率高，每天都有多笔，或存在定价透明度低、缺乏充分的市场竞争的情况。总之，不管有意还是无意，这类支出的决策错误都会对项目产生较大的影响，容易造成浪费，甚至滋生腐败问题，因此对项目而言，风险等级高。

通过这个决策矩阵，各级管理者得到了明确授权，其责任意识也提升了。同时，项目审批流程被大幅简化，决策效率得到了根本性的提升。

各级管理者在获得明确授权的同时，也健全了监督机制，比如，每日下班前集中复核当日支出，及时发现问题并及时纠正，做到每日复核资料，形成每周流程闭环。监督机制不仅保障了项目资金得到合理、高效的使用，同时也对各级管理者提出了"不积累小错误，不犯大错误"的要求。

浴火重生

经过项目团队艰苦卓绝的努力，项目进度终于重新回到了合理范围并处于团队的掌控之中。虽然项目从合同金额 3.54 亿元变成结算价 5.98 亿元，但每一项变更的洽商都合情合理、有理有据，所以都得到了业主的理解和支持。而且，沟通过程中业主能够充分感受到项目团队始终秉持"为客户创造价值"的理念，比如，项目团队为业主及时纠正了多处设计缺陷，提前发现了多起质量和安全隐患；通过优化项目计划，为业主节省了大量无效的投资，为业主争取了宝贵的工期，为项目成功招商创造了条件。

在这个项目中，团队不断挖掘并积极创造的优化之处近 300 项。项目团队从对项目的失控到掌控，再到做优，经历了蜕变，顺利实现了扭亏为盈的目标。团队通过这个项目得到了锻炼，获得了成长，也为公司积累了宝贵的项目管理经验。

该项目获得了如下奖项：

- 国家级质量控制成果奖，共计 1 项；
- 省级工人先锋号、省级建筑施工优质结构工程奖、省级建筑施工 2018 年度安全文明标准化工地、省级工法、省级质量控制成果奖（2 项），共计 6 项；
- 集团 CI 金奖、青年安全生产示范岗、TOP100 大项目部集团级奖项，共计 3 项；
- 公司经济技术创新先进集体、十佳基层党支部等公司级的集体和个人奖项，共计 19 项。

荣誉的背后体现的是项目团队破釜沉舟、背水一战的决心，是团队不分昼夜、团结奋战的激情。

项目经理的体会如下：

- 永远相信团队，永远依靠团队；

- 只有不言放弃，才能柳暗花明；

- 21世纪最贵的是人才；

- "为客户创造价值"是项目管理中无坚不摧的力量；

- 将产品一次做优，既省时间又省钱。

案例分析与总结

◇ 第一，识别出制约工期的关键要素。因为场内交通在影响进度的关键路径上，所以必须从关键路径上的工作入手。虽然临时占用农民土地需要付出成本，但两害相权取其轻，以较小的代价换取对进度、成本的全面掌控是明智的选择。

◇ 第二，一次就把事情做对。团队基于对质量管理的深刻理解，认为"一次就把事情做对"才是最经济的选择，团队一次做优防水不但避免了大量的返工和维修成本，还为项目争取了时间。

◇ 第三，避免管理流程冗长。团队认识到管理流程的冗长会对工期产生致命影响，所以主动提出分级授权和流程精简方案，这大幅提升了决策效率。

◇ 第四，关注客户需求。团队不仅要关注自身诉求，更要关注客户所需的价值，只要和客户形成利益共同体，向着为客户创造最大价值的方向努力，就能赢得客户的认可和支持，从而实现项目管理的目标。

4. "英勇赴死"的项目经理

案例背景

　　小 J 所在的互联网公司让他感到节奏快、压力大，加班早已是常态。有一个新产品开发项目，因为需求不明确，所以在开发过程中需要反复修改。虽然开发团队经常加班熬夜，但常常发现到头来都要重做。老板要求产品快速上线，并亲自督阵催进度。团队整日笼罩在绝望的气氛中，情绪到了崩溃的边缘。连续两任项目经理因不堪重负而选择了辞职。

天降大任

　　老板找小 J 谈话，希望小 J 可以出任项目经理。小 J 虽然年轻，从毕业到现在还不到三年，但是在领导和同事眼中，小J做事认真、学习能力强，而且性格直率开朗，在公司人缘很好。老板和小J说这是一个好机会，可以从普通的开发工程师升级成为管理者。的确，小J如果答应出任这个项目经理，那么将会是公司里最年轻的项目经理。

机会摆在面前，要不要把握？小J开始心动了，对于小J来说，这不仅是一次升职的机会，更重要的是，他可以带一个项目团队，掌控项目全局，不再局限于终日和代码打交道，可以有更开阔的视野。这正是小J对自己的职业规划，只是没想到这一天来得这么早、这么突然。

作为这个项目团队的一员，小J曾目睹了团队之前经历的磨难，对于前两任项目经理是怎么被"逼"走的，小J也心知肚明，而且团队成员论年龄都比他大，论经验都比他多，小J能掌控得了局面吗？团队成员能服他领导吗？是不是老板找不出谁愿意担任这个项目经理了，才会想到小J？

这是"升官"，还是去"送死"？小J开始犹豫了，他请教了毕业前在一家公司实习时带他的师傅，师傅乐呵呵地鼓励他说："这是好事，多好的锻炼机会啊！再说，你一个新兵蛋子，既没有偶像包袱，也没有什么可以失去，得到的却是实实在在的经验。"说完还给了小J一些建议。

第二天，小 J 给老板回复说愿意接受这个挑战，但有一个请求，团队的工作计划要由团队自己说了算。老板爽快地答应了小 J 的请求。

小 J 在面对平均年龄比自己大好几岁的团队成员时，紧张得手心里都是汗，往日活泼开朗的小 J 不见了。好在平时小 J 在团队里任劳任怨地工作，还经常主动帮助别人分担压力，团队的大哥大姐们倒也没有谁想为难他。

新官上任

小 J 上任后烧的"第一把火"就是组织团队成员一起讨论，针对需求变化多的特点，他分享了近一年来所学的敏捷开发方法，最后大家达成共识，同意从瀑布开发模式转为敏捷开发模式。

"第二把火"是选出产品负责人（Product Owner，PO）。根据敏捷开发原则，需要一位 PO 来整理需求，小 J 建议大家投票选出 PO，最终，团队里经验最为丰富的需求分析师当选。

"第三把火"是建立团队内部民主表决机制。虽然小 J 顶着项目经理的头衔，但仍毛遂自荐尝试担任敏捷专家（Scrum Master），将决策权交给团队，为团队做好后勤保障，提供支持服务。

团队在 PO 的带领下重新评估了任务的优先级，并严格以两周为一个周期进行冲刺。虽然大家并不熟悉敏捷开发模式，一开始手忙脚乱，但是团队士气已经从低谷逐渐提振了上来。

信任危机

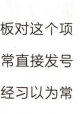

当团队刚刚有了点起色时，小 J 就遇到了麻烦，老板对这个项目非常重视，经常亲自上场，不但参加项目会议，还常常直接发号施令，全当项目经理不存在。面对这种情况，大家都已经习以为常了。这一次，老板又在会议上提出，有两个新功能必须有，必须马上做。团队成员个个面露难色，都不敢吭声。因为如果按照老板的要求做，就会打乱原本团队制订好的冲刺计划，刚刚好转的氛围就会被破坏殆尽。

会后，小 J 单独找到老板，嬉皮笑脸地问道："老板，我们做个假设，是假设啊！您刚才提出的两个功能，假如只能开发一个，您会选哪一个？"老板看了小 J 一眼，意思很明确，就是你要重新组织一下语言！小 J 故作镇定地说道："老板，您看，我们只是做个假设，假如只能开发一个，您会选择哪一个？"老板面露不悦，小 J 看老板不表态，厚着脸皮继续试探道："老板，假如……"显然老板已经不耐烦了，说道："行行行，选 A！"

小 J 赶紧说："太好了！老板，我们只做 A，我马上安排！"老板还没来得及发飙，小 J 已经一溜烟地跑了。

柳暗花明

后来，类似这样的事又发生了好几次，老板实在忍不住了，问小 J："为啥你每次都让我二选一，三选一？"小 J 不慌不忙地说道："您看，您就给了我这几条枪（人手），时间还要求得这么紧，如果我都答应您，别说团队根本受不了，就算团队天天加班熬夜，我也没有任何把握能够按时完成。我们团队自己做过交付能力的评估，如果只开发最重要的一个功能，大家是有信心完成的。"老板想了想，其实，没选的那个功能 B 也没到非开发不可的地步，至少没有着急到马上就要开发的程度。小 J 的讨价还价实际上给了老板考虑成熟的时间。

小 J 在老板面前的英勇表现赢得了团队的一致好评，不但小 J 在团队中更有威信，而且给团队带来了前所未有的信心。

　　小 J 一直要求自己履行好 Scrum Master 的职责，并恪守 Scrum Master 的本分，让团队自己商量决策，若无法达成共识，就民主投票表决。这些变化深刻地改变了团队，在团队齐心协力之下，项目从无序状态逐渐回归到健康轨道，并最终取得了令大家都满意的结果。小 J 也完成了一次华丽的蜕变，把纸上的项目管理真刀实枪地实践了一遍。小 J 成了团队中最值得信任的伙伴，也成了老板心里最靠谱的项目经理。

案例分析与总结

◇ 要客观评估团队的吞吐能力,并根据吞吐能力理性地接受任务。在领导面前兑现承诺比来者不拒更重要。

◇ 要向上管理,听话的员工在领导心里只能达到及格线,负责任的员工可以达到良好线,只有能帮助领导避免错误的员工才可以说达到优秀线。

◇ 敏捷转型是一个长期且艰辛的过程,只有步步为营、耐心坚持,才能获得成功。

◇ 团队最需要的不是一个救火队长,而是能够挡住子弹(过多的或不合理的需求)的坚强后盾,以及能够运筹帷幄的主心骨。

◇ 自组织团队是敏捷成功的关键,"仆人式"领导者更适合敏捷团队。

5. “上帝”的隐私

案例背景

　　小 P 在一家知名的安检设备厂家担任销售经理，这家企业凭借雄厚的研发实力和专利技术，不断开疆拓土，在安检设备领域已经坐稳头把交椅，特别是大型集装箱检测系统在全球已有超过 60% 的市场份额。公司的销售团队捷报频传，一个接一个签下大单。虽然小 P 刚刚到而立之年，但已经见识了不少大场面，在他主攻的非洲市场上不断攻城拔寨，一路凯歌。

江郎才尽

　　非洲某国是小 P 在非洲工作的第五个国家，有了前面的胜利，小

P 信心满满。然而，他所遭遇的困难完全出乎他的预料。按照以往高举高打的策略，小 P 首先配合市场部门在该国进出口博览会上高调亮相，再协同公关部门促成政府高层会晤，和当地最有实力的代理商签署合作协议，最后邀请决策链上的关键人物来我国考察并参观生产线，高规格地接待。一切都按部就班，一切都驾轻就熟。然而，商务拜访已经进行了三轮，对方丝毫没有要进入实质性谈判的意思。

小 P 和小 P 的领导又多次拜访决策链上的关键人物，虽然每次拜访对方都表现出亲切友好的态度，可对方就是丝毫没表达过采购设备的意愿。代理商说他们一直在做工作，但没有进展。这太不正常了，这种大型设备的采购都是要公开招标的，小 P 从来都不怕公开招标，因为他们的产品有绝对的优势，无论是性能还是质量都领先对手大半个身位，再加上有大量成功的案例做支撑，所以哪怕和对手正面较量，也基本稳操胜券。然而让小 P 担心的是竞争对手是否有特殊的关系渠道，同客户一起联手把他们挡在门外。但是，根据各方情报分析，小 P 的担心是多余的，客户连采购这类设备的招标计划都没有，并不是不采购小 P 公司的设备，而是哪家公司的设备都不采购！遇到这种油盐不进的客户，小 P 也实在无计可施。

在其他国家奋战的兄弟们喜报接二连三，小 P 如坐针毡，真是"老革命遇到了新问题"。无奈之下，小 P 向公司领导汇报，销售副总裁决定亲自出马去探个究竟。小 P 陪同领导逐个环节地拜访，和当地团队以及代理商开会分析。一个月后得出的结论是，从总统、商务部部长到财政部部长都表示很看好小 P 公司的产品，也表示支持合作。目前是卡在设备的最终用户海关人员这里，虽然已经接触了很多次海关的相关负责人，但都没松口。

妙手偶得

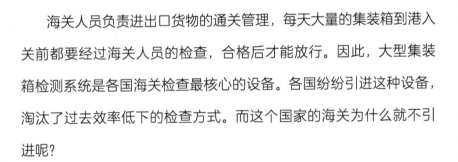

海关人员负责进出口货物的通关管理，每天大量的集装箱到港入关前都要经过海关人员的检查，合格后才能放行。因此，大型集装箱检测系统是各国海关检查最核心的设备。各国纷纷引进这种设备，淘汰了过去效率低下的检查方式。而这个国家的海关为什么就不引进呢？

虽然销售工作一筹莫展，但渐渐地，销售副总已经和该国的海关负责人比较熟了。一次吃饭闲聊时，对方吐露心声："说实话，你们的设备是真的好！我们早就做过研究，也咨询过采购了你们设备的其他国家的海关朋友，都说你们的技术领先、质量可靠、服务到位，真的无可挑剔。不过，我们确实没法采购你们的设备，非常抱歉！"

"为什么呢？"副总不禁发问道。对方欲言又止，副总说："没事没事，您告诉我一下我们哪里还有问题，我们回去改进，您买不买都没关系，我们都会感谢您！"

微醺状态下，气氛已经烘托到位，海关负责人觉得也没外人，于是说道："你看，没有你们的设备，我们通关检查靠的是人，每天大量的集装箱排队入关，我们的工作强度很高，天天加班，但是从来没有怨言，知道为什么吗？"

"因为集装箱实在是太多了，一辆车拉一个集装箱，检查时要打开集装箱，把货物卸下来，一件一件检查，若没问题再装回去放行。检查一辆车就得花 30~40 分钟，我们就算累死也检查不完。所以我们只能采取抽检，也就是随机抽取，抽中的才检，否则所有货物就堆在港口进不来了。而抽哪辆、不抽哪辆由我们说了算！

"你们这设备啊，太厉害了，干脆连集装箱都不用打开，货车拉着集装箱一过通道，集装箱里装着什么在屋里的大屏幕上看得一清二楚，检查一辆车连一分钟都用不了。刚研究你们这设备时，我们真是激动了好一阵子，这么检查，兄弟们该多轻松啊！"

"可不是，您真是明白人儿啊！"小 P 赶紧帮腔。

可是转念一想，不对啊！这设备不能买啊！这要是引进了你们这设备，每辆车都检查，谁还敢在集装箱里夹带私货？要是没人敢夹带，谁还会给我们兄弟好处，你说是吧？你也知道，兄弟们工资很低，一家老小全指着这个养活呢。买你们的设备就是断别人的财路，也是断我们自己的活路啊！

至此，副总心里完全明了，用平静的口吻风轻云淡地说："兄弟！我有个问题一直很好奇，不知当讲不当讲？"对方点点头。"过去这些想夹带私货的主儿，如果夹带五车，却只给你一车的好处，你是不是也不知道？"对方再次点点头，反问道："难道用了你们的设备就能知道吗？"副总一本正经地说："首先我们不建议你们这么做！我们只能说，用了我们的设备，从来没有任何一辆车可以蒙混过关。"

对方立刻心领神会道："对呀！有了你们的设备，不管怎样，主动权都掌握在我们手里。"

副总循序渐进的沟通策略终于取得了成功，双方达成了共识。对方最终引入了设备，为其国家的经济健康发展发挥了作用，我方的业绩也达成了，实现了双赢的局面。

案例分析与总结

◇ 有权力的地方更容易滋生腐败，绝对的权力容易导致绝对的腐败。

◇ 贫穷落后往往导致腐败丛生，而腐败又会导致更加贫穷，如此恶性循环。

◇ 中国企业拓展海外市场，不能为了走捷径而同流合污，助长腐败。

◇ 对于项目中的冲突，如果双方一起坐下来深入分析，往往能找到皆大欢喜的解决方案，冲突也因此不再是冲突了。

6. 谁是"天使"

案例背景

　　小 A 的公司和某知名高校合作,获得了一项专利技术的独家代理权。这项专利是一种混凝土添加剂,使用了这种添加剂的混凝土可以在获得非常大的扩展度和坍落度后,仍然不离析、不泌水,具有极好的流动性。这种混凝土在浇筑时不需要振捣,混凝土凭借超强的流动性可以穿过钢筋缝隙,填满模板里的所有空间。国际上把这类混凝土称为自密实混凝土。

　　自密实混凝土用在大体积混凝土领域,可以创造出很多独特的优势,比如,在要浇筑的仓内堆满大块石,将自密实混凝土从上面浇进去,无须人工振捣,就可以自动填满所有石头间的空隙,形成完整、密实的浇筑体,如图 6-1 所示。

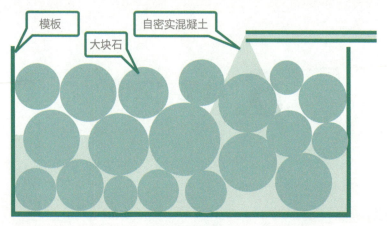

图 6-1　浇筑体

这种混凝土添加剂的主要优势如下。

● 因为仓内 55% 的空间已被大块石占据，所以只需要填充占比空间 45% 的混凝土即可。因此，混凝土用量大幅减少，成本可降低约三分之一。

● 无须人工振捣，节省了人工费用，降低了浇筑作业的劳动强度。

● 无须人工振捣，减少了人为因素的影响，质量更加稳定可靠。

● 有了大块石的骨架做支撑，浇筑体的抗压、抗剪强度显著提升。

● 混凝土用量大幅减少，水化热低，大幅减少了温度裂缝，温控措施简单。

● 可以成倍地提高每层浇筑厚度，从而大幅提升浇筑效率，节省工期。

以常见的 C20 混凝土为例，仅从成本角度来看，单价可以从每方 300 元降到每方 200 元，即每方可节约 100 元。全国每年大体积混凝土浇筑量都在 10 亿方以上，也就是说，这项技术如果普及开来，仅在国内每年就可以创造千亿元规模的经济效益。

小 A 的公司上上下下全体员工都为这个壮阔的前景而无比兴奋，这不就是一个妥妥的独角兽公司吗？

谁是"天使"

小 A 的公司招兵买马、扩充团队，小 A 奔赴各个省市推广这项技术，可现实情况远没有设想的那么乐观。

大体积混凝土一般用于基础设施建设项目中，比如水坝、基坑回填、公路和铁路的挡墙等，这些项目的主要参与方包括业主单位、设计院、施工单位、监理、质监等。这项技术可以为业主单位节省投资，为设计院提高安全系数，为施工单位节省成本和工期……按理来说，各参与方都应该非常支持。

可是事与愿违，在交流的过程中大家都觉得很好，表示很有兴趣，但是当真正拍板使用的时候，谁都不表态。各个省的情况如出一辙，每个项目都是"光打雷不下雨"。这到底是怎么回事呢?

从业主单位角度分析,采用新技术能为业主单位显著节省投资,业主单位应该很有积极性才对。后来有一位业内人士道出了真相,可以节省投资不假,但省出来的钱是国家的,并且采用的新技术缺少标准和规范,万一出了问题(比如坝垮了、桥塌了),那么责任将由拍板的人承担,轻则丢掉"乌纱帽",重则后半辈子吃牢饭。这么不划算的买卖谁会干?

按理来说,设计院应该支持新技术。设计院责任最大,业主单位说,只要你敢设计,我就敢用;施工团队说,只要你敢设计,我就敢干。可是设计师是要在图纸上签字的人,终身承担责任,就算省了钱也与设计院无关,但如果出了问题,那么首当其冲要追究设计院的责任。并且,设计费是按照工程总造价的 2%~3% 收取的,如果采用新技术,工程总造价就少了,那么设计费也少了,这合适吗?

对于施工单位来说,新技术可以帮助其省人工、省设备、省工期,那么施工单位是否会支持新技术?想得美!施工单位费了多大劲才中的这个标?好不容易签了 6000 万元的合同,如果用了这项新技术,合同金额就变成 4000 万元了!就算业主单位可以给施工单位一些补偿,施工单位也仍然更愿意采用传统技术。

那么怎样才能打消各方的顾虑，获得他们的支持呢？小A仔细分析后找到了问题的症结，症结在于新技术没有规范，而国家有规定，没有规范的新技术不得应用；可是国家还有规定，如果新技术没有被应用，那么不得编制规范！这就掉进了"鸡生蛋，蛋生鸡"的死循环里去了。

偶遇贵人

某省的一个公路项目，工期已经严重延误，被省里点名批评，各方压力很大。设计院年轻的设计总负责人在了解到这项技术后很兴奋，将其推荐给业主单位，业主单位采用这项新技术建设挡墙，能够有效缩短工期。业主单位是病急乱投医，项目延期很可能职务不保，而采用新技术大不了也是丢掉职务，两害相权取其轻，只要设计院愿意承担责任，那么业主单位半推半就地也就接受了。这对小A的公司来说，简直是天大的喜讯，如久旱逢甘霖。实现了从0到1的历史性突破，有了第一个成功案例，之后的推广就容易多了。

刚高兴没一会儿，一个新问题又摆在小A的公司面前，即作为技术推广方，怎么挣钱？挣谁的钱？业主单位说，我们早就把工程承包给施工单位了，只能按照合同给施工单位支付费用，无法另外花钱买你们的技术，混凝土是施工单位用的，你应该找他们要。施工单位说，采用新技术省下来的钱也是给业主单位省的，业主单位只会少付我们的钱，何况省出来的钱能填上业主单位之前的窟窿就不错了，我们哪里有钱给你？当然，设计院能帮你推荐，你感谢都来不及，更不可能也没有道理向设计院要钱。

最后还是设计院出面协调和推动，终于达成共识，由施工单位与小A的公司签订合同并支付专利使用费，每方混凝土10元，这笔钱由业主单位以工程款的形式支付给施工单位。毕竟这是第一次吃螃蟹，设计院和业主单位都战战兢兢，只能尝试着将这种混凝土用在工程中一小部分非关键点上。这一小部分浇筑量也有10万方，也就是会产生100万元的专利使用费，这对小A的公司来说已经是令人喜出望外的开张了！

小A的公司派技术团队现场指导，和施工单位吃住在一起，生怕出现任何纰漏。可惜的是，教会徒弟饿死师傅，施工单位掌握了这项新技术之后，除了最初象征性地支付过一笔5万元的首付款，之后小A的公司再没有收到过任何钱。施工单位不是以业主单位欠账，就是以项目亏损为由，这个合同里的专利使用费一直无法兑现。

转换思路

　　小 A 的公司作为一家技术公司，这才开始体会到什么叫"秀才遇上兵，有理说不清"，这才意识到工程行业中专利费这件事在包工头眼里是多么的形同虚设。从没付过，为啥要付，不付也行，这才是他们的逻辑。小 A 的老板说，如果仅靠收专利费过活，我们都得饿死，能不能换个思路，在下一个项目中，我们把混凝土添加剂配好，卖给施工单位，买建筑材料应该符合他们的习惯。

　　这招还真灵。第二个项目小 A 如法炮制，果然过程非常顺利，施工单位还积极打款催促发货，大有一副供不应求的样子！可是好景不长，虽然小 A 的公司的添加剂折合成专利费还是每方混凝土 10 元，但是作为添加剂，这个价格太高了，是市场上同类添加剂价格的 5 倍。这不免引起业主单位、设计院、施工单位的质疑：这是什么"琼浆玉液"，竟然以天价卖给我们？我们在面对审计人员时都没办法解释！

　　果然姜还是老的辣，小 A 的老板说，把混凝土添加剂兑水稀释 5 倍，然后增加使用剂量就行了！小 A 这回又长见识了。打那以后，还真就没人再提价格的事了！

欲壑难填

有了前几个案例的成功，后续小 A 的公司推广技术的难度大大降低了，项目越来越多，老板赚得盆满钵满。老板专门建了个工厂，只有两个工人：一个负责兑水，一个负责发货。老板的野心开始越来越大，觉得自己挣得还是太少，每方混凝土能给项目节省 100 元，而自己才挣 10 元，并且这当中还有成本（成本除了水，主要是运费）。老板不满足于这点利润，所以开始兑更多的水，以增加更多的用量。

东窗事发

所谓树大招风，利润过高，必然引人关注。有业内人士爆料，小 A 的公司的专利添加剂其实就是市场上白菜价的普通添加剂，只是兑了 10 倍的水；还有专业人士发声，所谓的专利技术在其他国家已经公开很多年了，某知名高校教授涉嫌剽窃。一时间业内哗然，老板的发财梦被彻底击碎，从科技英才到落得官司缠身。

案例分析与总结

◇ 谁是天使？只有当项目目标和个体利益一致时，个体才能成为天使，否则都是魔鬼。

◇ 说服干系人从反对者变成支持者，靠的不是项目经理的三寸不烂之舌，而是让天使（支持者）去动员魔鬼（反对者），因为天使的影响力往往更大，动员能力更强。

◇ 在项目中，魔鬼（反对者）的反对往往会对项目产生致命打击，可一旦他被说服，就会转变态度化作天使（支持者），给予项目团队很大的帮助。所以大魔鬼也可以变身为大天使。

◇ 新技术、新材料、新方法的推广应用，都是对传统和习惯的颠覆，人们必然面临很多阻力。出于对未知和不确定性的恐惧，以及对学习新事物的抵触，人们更倾向于保守的选择。

◇ 假的永远真不了，谎言迟早会被揭穿，为客户踏踏实实创造价值才是正道。

7. 信息化魔咒

案例背景

　　小 T 在一家系统集成公司的信息中心工作，刚刚从一名开发工程师升职为技术经理。信息中心的人很少，主要负责开发和维护公司内部的信息系统。相较于公司里服务于各大行业的系统集成团队，信息中心无论是在规模、技术方面还是在地位上都处于弱势。最主要的原因是，系统集成团队是打粮食的部队，而信息中心是吃粮食的队伍，自然说话没那么硬气，工作中被怼、被数落是家常便饭。

　　公司虽然很重视项目管理，但就目前的项目管理水平而言，无论领导还是员工都很不满意。项目工期延误、成本失控、交付质量差、客户投诉多、员工流动性高等各种问题始终像梦魇一样挥之不去。

　　公司领导下决心通过项目管理信息化来撬动整个公司项目管理能

力的提升。小 T 是这个信息化项目的项目执行经理，项目经理是他的领导，即信息中心总监。

总监魔咒

信息中心总监对这个项目并不看好，甚至有意躲避，项目上的事让小 T 放手去干，自己做主，若有什么情况就让小 T 直接向总经理汇报。

小 T 没有办法，只能硬着头皮上，他的思路是先摸排一下目前公司项目管理信息化的基础。经调研才发现，经手这个项目的同事简直是苦难深重，其实公司并非没有过项目管理信息系统，算上这一次，已经是第三次要上马项目管理信息系统，那么前两次经手这个项目的同事都经历了什么？

小 T 在调研中发现，只要是在公司工作有些年头的同事一听说项目管理信息系统，不是摇头就是叹气，可以看出被折磨得不轻。

早在十年前，公司就大张旗鼓地上马项目管理信息系统。当时还请了一家专门做信息系统的软件公司，第一代信息系统还是 CS 架构，以微软的 MS-Project 为内核。这家公司做了二次开发，当时的功能可以说已经很强大，可以规范项目的立项、评审、变更、结项流程，为每个项目提供进度计划的工具，配置资源，自动优化横道图和网络图等。可结果却令人很失望，大家都不爱用，总觉得太复杂，花了很大精力都没学明白应该怎么用，即使学明白了，对实际的项目也作用不大，原因就是别人如果都不用，只有项目经理自己用，那么这就不是工具，而是负担。项目管理信息系统从立项到上线，公司轰轰烈烈地大搞了两年，投入上千万元，最终在大家的一片抱怨声中，草草退出了历史舞台。当时的信息中心总监没过多久就离职了。

很快，信息中心来了一位新总监，意气风发地要重启项目管理信息系统计划，并提出了自己的主张，他认为微软的 MS-Project 内核先天存在硬伤，在中国水土不服，并不符合中国公司的业务特点和企业环境，要将信息系统落地，还是要靠自己研发。而且，项目管理信息系统应该为领导提供仪表台，能够自动监控公司每个项目的状态，当出现隐患时能够自动预警。现在主流的信息系统都是 BS 架构，可以灵活地支持手机、平板等各种终端设备。新总监的每一句话都说到了领导的心坎上，领导觉得自己没看走眼，这个总监确实有经验。得到公司领导的支持后，这位总监风风火火地组建起了一支十几人的开发团队，除了将个别模块外包，大部分功能都由团队自己开发。从需求调研、分析、设计、开发、测试、迭代到具备上线条件已经过去两年。当验收汇报时，领导很满意，因为领导第一次能够全面掌握公司所有项目的信息，即有多少是健康的，有多少是有隐患的，有多少是出了问题的，一目了然，所以验收顺利通过！

可是第二代的项目管理信息系统依然短命，从诞生到天折也不过半年时间。小 T 探访了经历过这件事的老员工，当大家谈起第二代信息系统时，甚至开始怀念第一代信息系统了。原因是要通过第二代信息系统给领导展示各种仪表台信息，就必须录入每个项目的数据，而且要天天更新，只有这样领导才能看到符合实际情况的项目状态。这对于原本工作强度就很大、已经被客户折腾得死去活来的各项目组来说，无疑成了沉重的负担。每个项目组都不得不专门设置了信息专员（俗称"表弟""表妹"），他们每天的任务就是在系统里填表。可是反过来，这个系统对项目组有什么价值？那真的是没什么价值，除了各种被约束，就是各种被窥视，项目自身的实际困难什么也解决不了。如果说第一代系统的失败是因为有使用门槛，那么开发第二代系统纯属为了满足领导的管控欲望，根本没考虑使用者的感受。项目管理信息系统的英文缩写 PMIS（Project Management Information System）被大家调侃为"拍马系统"。

尽管信息中心总监软磨硬泡地让总经理下死命令，必须每日更新项目数据，并将这项任务直接和绩效挂钩，但不喜欢就是不喜欢，谁也改变不了。很快领导们发现仪表台的指针不转了，预警不灵了，曲线离谱了。原来，项目组的"表弟""表妹"们发现，不管填什么数据，结果都没有区别，所以开始胡编乱造，应付了事。很多事业部的"老大"公开批评道："项目管理信息系统除了会添乱，什么用都没有！"面对这些为公司攻城拔寨的大员，老板也得客气三分，如果现在这些"老大"一起叫板，那么老板也只能让信息中心总监偃旗息鼓，不了了之。信息中心总监深受打击，也感觉失去了信任，于是灰溜溜地辞职了。

这哪里是信息系统，简直就是总监"收割机"。难怪现在的信息中心总监谈之色变，避之不及。

一地鸡毛

小 T 深感这个项目管理信息系统就是一个"大坑"，但是如果不干，现在就得辞职；而如果干，或许还有一线生机。小 T 的调研结果显示，公司有 9 个事业部，50 多个项目组，光使用的项目管理软件就有 15 种之多。除了这些软件，项目经理在编制项目工作分解和进度计划时大多使用 Excel，虽然用 Excel 编制计划看上去很业余，但似乎深得人心。

如果把所有团队的项目管理统一起来，难度可想而知。

从心出发

　　小 T 意识到如果再重蹈覆辙，那么只能是死路一条，并且肯定比前面两位死得更早、更难看，所以必须转变思路。于是他开始探访外部专家和其他企业有经验的朋友，发现很多企业和他们一样，也经历过项目管理信息化的失败。不过，有一个信息给了小 T 很大的启发，那就是这么多的信息系统，最终还在用的功能无一例外都集中在为项目团队提供支持、提升效率的功能上，比如项目计划模板库、项目需求跟踪、项目问题跟踪等。

　　既然如此，就把注意力集中在为项目团队提供服务和支持上来。

　　第一，不提监控功能，不增加负担是基本原则，因为小 T 深知如果不服务好项目团队成员，就不可能服务好领导，任何仪表台和监控都是空中楼阁。

　　第二，尊重团队成员的习惯，尊重多元化、多样性，不强求一致，因为强扭的瓜不甜。

　　第三，循序渐进，先从服务做起，先赢得团队成员的信任，再逐渐推送新的功能。

第四，让团队成员充分参与进来，为自己设计和打造工具，提升工作效率。

第五，转移知识，先对简单的功能进行试点，然后再分享和推广。让团队成员爱用一项实用的功能比堆砌一百项不用的功能更有意义。

第六，持续改进，能让大多数人接受并喜爱的系统一定是项目团队主动寻求反馈、快速迭代并持续打磨出来的。

小 T 自始至终都把自己当作项目团队里的一名普通成员，从心出发，始终要求自己"己所不欲，勿施于人"。

小 T 的信息化项目从未大张旗鼓，公司里并没有几个人知道要开发第三代系统，更没人知道什么时候开始做这个项目。信息化团队成员每天都驰援各个项目组，白天帮忙打下手，晚上集中汇总需求，沉浸式贴身服务了好几个月，这才润物细无声地开始提供如丰富模板库、简化管理流程、生成资源状态表等大家最想要的功能。这种没有丝毫压迫感、伤害性，而且免打扰的服务模式，逐渐被大家接受和认可。虽然小 T 的第三代项目管理信息系统到现在还没有完整的轮廓，但他和他的团队已经在路上了。

案例分析与总结

✧ 对于信息化项目，一定要回归初心，那就是为一线的使用者提供支持、帮助，减轻他们的负担，提高他们的工作效率，为他们创造价值。

✧ 项目信息化一定是以人为本的，要降低学习成本和使用门槛。太过繁重的系统，即便功能强大，也只会曲高和寡。

✧ 项目管理信息系统是服务平台，不是管控平台。如果它有管控的作用，那么也是在服务到位的基础上自然而然产生的。

✧ 尊重是破解信息化魔咒的密码，只有尊重每一位使用者的需求和感受，你才会获得尊重。

8. 瀑布派与敏捷派

案例背景

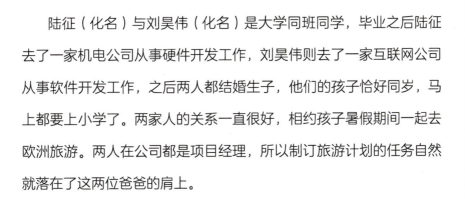

陆征（化名）与刘昊伟（化名）是大学同班同学，毕业之后陆征去了一家机电公司从事硬件开发工作，刘昊伟则去了一家互联网公司从事软件开发工作，之后两人都结婚生子，他们的孩子恰好同岁，马上都要上小学了。两家人的关系一直很好，相约孩子暑假期间一起去欧洲旅游。两人在公司都是项目经理，所以制订旅游计划的任务自然就落在了这两位爸爸的肩上。

初现分歧

春节一过，他们就开始为暑假的旅游做准备了，先是办理申根签证，预订往返机票，申请年假，然后研究各种游记、旅游攻略。经过多次讨论，两家基本上确定了主要路线，那就是从北京直飞巴黎，在巴黎租汽车自驾向南穿过法国，经过摩纳哥，进入意大利，再从意大利向北进入瑞士，最后从瑞士返回法国巴黎，历时12天。

陆征一直在机电公司开发硬件，习惯了凡事先做计划，而且计划尽可能详细、周全，同时把各种风险提前识别出来并做出应对方案。他主张把每一天的行程提前规划好，包括每个景点游玩的时间、自驾路线、预订的酒店等。可是刘昊伟在互联网公司工作了好多年，很不习惯这种计划方式，也不相信提前做那么细的计划能有用。两人为此产生了分歧，一个不把计划做周全就不踏实，一个压根儿就不想做那么复杂的计划。谁也说服不了谁，最终由两位女士拍板，"你们各自做一版计划，我们来选"。

天壤之别

陆征开始查询城市之间的距离，计算自驾所需时间，在爱彼迎（Airbnb）短租网站上研究每座城市的民宿价格和口碑，研究每座城市的美食和最地道的餐厅位置，研究每个景点的特点和攻略，研究每一座博物馆的特色藏品和背后的典故，记录每座城市的治安以及当地使领馆的地址、电话，研究沙滩、潜水、滑雪所需的装备，搜索每个国家的文化特色和习俗禁忌。陆征在电脑上设置了两层文件夹，光资料文件就保存了 3G 多。做足功课的陆征感觉踏实了很多，他开始编制旅游行程：第一天，早上 7 点吃早餐，7 点半出发乘地铁 1 号线，8 点到达杜乐丽宫……陆征不但画出了详细的路线图和时间表，配上详细的文字说明和图片，而且恨不得把时间精确到分钟。陆征的行程计划用 A4 纸打印出来有 30 多页，他对自己的计划颇为满意，到时候按照计划执行就好。计划不但包括在每个景点具体看什么，连每顿饭吃什么、每晚住在哪里都提前预订好了，甚至怎么处理意外情况也都在文件中，丝毫不会让人慌乱。

一个周末，两家人在聚餐时一起讨论了两位项目经理的计划。陆征提前打印好了六份行程计划，装订成小册子，还用塑封做了防水书皮，给每个人（包括孩子）都发了一份。他还做了图文并茂的 50 多页 PPT，使用便携式投影仪给另外五位旅行团成员汇报了他的杰作，像给客户汇报方案一样一丝不苟。陆征足足讲了 30 分钟，连饭都没顾上吃。讲完之后，他对刘昊伟说，现在该到你了！

刘昊伟抹了抹嘴，笑着说："老陆，咱们这是去度假，怎么让你搞得比上班还累啊！"两位女士和小朋友们也被逗得咯咯咯地笑个不停。陆征脸一红，不好意思地说："唉，习惯了，职业病，职业病！那昊伟你说说你的计划。"

　　刘昊伟说道："咱们难得出去度一次假，放轻松一点啊！我没做什么行程攻略，更没有 PPT，我说说我的想法。咱们到了欧洲之后，开车随意走，走到哪里玩到哪里，如果好玩就多玩两天，如果不好玩可以抬脚就走；如果遇到好吃的馆子，咱就停下来饱餐一顿；晚上开车开到哪里咱们就住在哪里，欧洲发达了几百年，还用担心找不到住的地方吗？早上起来，边吃早餐边商量今天怎么玩就行，度假就得有个度假的样子，你们说是吧？"

　　陆征听得浑身起鸡皮疙瘩，他万万没想到老同学做事这么不靠谱，原来什么计划都没做！无论如何陆征也没办法认同刘昊伟的方案，当然刘昊伟也接受不了陆征的计划。刘昊伟的太太提议投票表决，反正必须一起走，同去同回，怎么玩都是玩。投票结果（5 比 1）让陆征十分挫败，没想到连自己的老婆、孩子也都把票投给了刘昊伟！陆征做了一个多月的功课却没人认可，看来"放飞自我"才更深得人心！

实践检验

　　经过十多个小时的飞行，两家人平安抵达巴黎戴高乐机场。这次旅行团团长是刘昊伟，这是大家投票选出来的，陆征只能跟着团长，服从团长指挥。虽说无官一身轻，可陆征一点也轻松不起来，心里总感觉哪里要出问题，各种提心吊胆、不踏实。

第一天的行程很顺利，而且还吃了顿有红酒、牛排的烛光晚餐，相当浪漫！第二天，六口人直奔卢浮宫，在停车半小时、排队半小时后才知道至少要提前一周网上预约才有资格排队！可总不能在这等七天吧，所以只能放弃。刘昊伟大手一挥："没事儿，走，去凡尔赛宫！"

从凡尔赛宫出来已经是下午五点多了，团长说："走吧，今晚咱们住里昂！"大人和孩子饥肠辘辘地在高速公路上狂飙，到了里昂已经是凌晨一点了。大家四处找酒店，好不容易找到一家酒店，睡眼惺忪的夜班服务生没好气地说："酒店没有儿童加床服务，只能大人、孩子挤在一起凑合一晚。"接下来的一天又是漫无目的地瞎逛，深夜狂飙赶路，凌晨到处寻找落脚的酒店。

此时大家已经忍无可忍了，起床后刘昊伟的太太代表旅行团组织部宣布了一个重要决定：团长被罢免了，由陆征接任团长。刘昊伟满脸惭愧，他原本想的是潇洒自在地玩耍，可没想到带着两家人出来玩却和难民逃荒没什么两样。这时的陆征没有半点幸灾乐祸，他掏出自己编写的行程手册查看，可早在国内就应该预订的酒店没订，早该预约的门票没约，半路接手一个烂摊子项目，他也无力回天啊！

陆征和大家声明："如果你们信任我，让我当团长，那么我有一个要求，那就是我做的方案大家可以讨论，但是方案一旦定下来，谁也不能再挑毛病、唱反调、临时动议、节外生枝。"两位女士好不容易抓住一根救命稻草，连忙点头同意！

当大人带着孩子去马赛海边看帆船时，陆征一个人在酒店重新修改了他的行程手册。午饭时他征求大家意见，大家觉得再怎么糟糕也不可能比现在更糟糕了吧，于是行程安排顺利通过。陆征把接下来七天的酒店、景点门票全部预订好，把在哪里歇脚、吃饭、加油补给全都标记在了路线图上，陆征还特意和刘昊伟炫耀："看！提前预订民宿可以节省 600 多欧元，如果当初听我的在国内就预订好，那么至少能省 2000 欧元！"大家都拍手称赞，每个人都感到前所未有的踏实，对接下来有组织、有纪律、有计划、有秩序的团队生活充满期待。

理想和现实总会有差距。接下来的日子，陆征深陷在焦急和无奈之中，因为他说的最多的一句话就是，到时间了，必须马上出发！可是让两个学龄前儿童遵守时间太难了，不是赖赖唧唧不起床，就是磨磨蹭蹭不上车，到了沙滩没玩尽兴，任凭陆征用十八道金牌也召不回来。妈妈们开始出面："孩子们好不容易出来玩一次，别这么扫兴，比旅行社跟团游还累，图啥呢？"眼看着完美的计划被搅得七零八落，精心策划的晚餐也只能错过，预订的别墅也被迫爽约，订金一笔一笔地损失掉了，这让陆征心烦意乱、愤懑难平，刘昊伟还不怀好意地笑了！

案例分析与总结

◇ 随着回国的航班平安落地，跌跌撞撞的欧洲之旅终于画上了句号。事后两家人再次相聚，聊起欧洲之行的难忘经历，这哪里是两个男人之间的较量，分明就是瀑布派和敏捷派的对决！

◇ 刘昊伟在互联网公司工作，习惯了敏捷开发模式的特点，即冲刺周期短，需要小步快跑、灵活机动地处理问题；而陆征在机电公司是做硬件的，使用的都是瀑布开发模式，需要计划先行贯穿始终，未雨绸缪，严谨细致。两种项目管理模式的特点在欧洲之行中展现得淋漓尽致。刘昊伟和陆征都发现，他们在欧洲所经历的和他们在工作中所经历的如出一辙，两种项目管理模式的缺点一个也没躲过，完美踩坑。

◇ 瀑布模式和敏捷模式并无孰优孰劣，各有特色，只能说某种类型的项目更适合哪一种模式。瀑布模式的主要特点是计划性强，有机会提前优化，适合范围明确、需求清晰且技术成熟的项目，但突出问题是变更成本高、中止损失大；敏捷模式的主要特点是周期短、灵活、对变更友好、交付快，适合范围不定、需求多变，且需要探索创新的项目，但突出问题是很难有长远的计划，不确定性强，可能出现较多返工。

◇ 像旅游度假这样的项目，到底适合瀑布模式还是敏捷模式呢？其实，并没有唯一正确的答案，两种模式都可以。对于不需要带老人、孩子的年轻人，他们酷爱自由，不想受约束，且能吃苦（能住五星酒店，也能露营打地铺，还能在车里将就睡一宿），那么刘昊伟的这种随性随意的敏捷玩法就挺适合；而对于需要带老人、孩子的家庭，他们不喜欢盲目，不接受意外，行程必须可靠稳妥，那么就要老老实实地按照陆征的瀑布方案来执行。

◇ 当然，针对陆征和刘昊伟两家人的欧洲之行的具体情况，建议还是以瀑布方案为主，但计划不能太僵化，需要放慢节奏，预留出足够的缓冲时间，宁可放弃一些景点和活动，也要照顾到大人和孩子的个性和自由。

9. 克隆

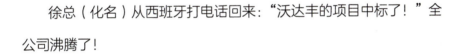

案例背景

徐总（化名）从西班牙打电话回来："沃达丰的项目中标了！"全公司沸腾了！

要知道，沃达丰是全世界最大的电信运营商之一，业务覆盖全球，尤其在欧洲的地位无人可以撼动。能和这样的公司合作，是华为梦寐以求的！这个项目中标，标志着华为成功登陆欧洲市场。为了这一天，公司奋斗了十年。

这个消息让每个人都激动不已，然而，就在公司上下欢欣鼓舞的时候，有人开始紧张起来，高杰（化名）被高调宣布担任这个项目的项目经理。这确实是个千载难逢的机会，因为这是公司踏上欧洲市场的第一个项目，意义非凡，公司高度重视。然而，因为这是客户第一次与华为合作，所以表现出了担心和质疑！高杰立刻感觉到了扑面而来的压力。如果项目成功，自然扬名立万，可万一失败，那就成了千古罪人，万劫不复……高杰根本不敢想，只能成功！这既是公司的要求，也是高杰唯一的选择。

走投无路

公司从来没有和沃达丰合作过，没有人知道这样的顶级运营商会有什么要求，也没有人能说清楚欧洲市场的游戏规则。所以这个项目注定不平凡。

很快，这个担心就变成了现实：客户要求系统具备快速修改网络配置参数，而且面向大量基站批量更新的能力。

如果面向单个基站，那么修改配置参数相对简单；而如果进行大规模批量修改，那么难度不在一个数量级，而且若一条条修改规则，则验证效率太低，时间的及时性没法满足。

团队就这个需求已经召开了多次会议，目前公司的技术能力和经验是根本达不到客户的要求的。而不怕辛苦、不怕麻烦，采取人海战术根本不现实，因为在欧洲且不说你能否找到这么多人，就算能找到这么多人，人力成本也是无论哪家公司都承受不起的。

高杰最近一心扑在沃达丰项目上，茶饭不思，十多天过去了，和无数人讨论，也请教了不少资深专家，可还是没有解决思路。又到了周末，虽然徐总内心也很着急，但他不能表露出来，他要稳住军心。周一，徐总专门过来安慰高杰，让他今天早点下班，回去洗个热水澡好好睡一觉，周末也不要再想这些事，放松放松，天无绝人之路，总会有办法的！

异想天开

高杰搭乘地铁，地铁里人分外的多，他被挤成了"沙丁鱼罐头"，好不容易找到了能放下两只脚的地方，并用一只手撑着地铁窗玻璃才算勉强站稳。这是高杰进入华为以来第一次这么早下班，他已经习惯了赶末班车，此刻终于体会到了末班车的好处，一个人可以独占一长排座位。高杰要坐15站，好在人逐渐少了，腾出了可以活动活动脚的空间，他看到了地铁车厢里的小液晶电视，平常高杰是不看的，因为除了广告就是几乎没有什么价值的新闻资讯，而今天他无意中看了一眼，看到了一只羊，一只让他此生难忘的羊。

"多莉",高杰清晰地记住了这只羊的名字！这也是他第一次知道"克隆"两个字的含义。利用从羊细胞中提取的 DNA 可以复制出一只一模一样的羊，太不可思议了！高杰全部的注意力都在这只羊身上了，专题片播完他才发现自己早已坐过了站！

"克隆！"高杰忍不住喊出声来。地铁刚停稳，他一边大步跑出车厢，向对面反方向的车厢跑去，一边掏出手机，给项目组行政助理朱迪打电话："赶紧通知所有人开会，我马上回来！"

高杰抛出了自己的想法，即在客户运行的系统中"克隆"一套出来作为 Plan 区的系统，然后在 Plan 区修改配置参数，所有规则修改完成后在运行的 Current 区下发，让新的规则在多个基站同时生效。这个想法显然太新了，大家从来没有这么干过，甚至都没有听说过。虽然这个想法有些大胆，不过还是得到了很多年轻的技术人员的支持，认为可以试一试，反正也没有更好的办法。

但是这个想法遭到了技术部经理的强烈反对，理由很简单，规则校验非常复杂，基站、链路、控制器之间的时序更为复杂，若要克隆出一套系统，这个工作量大到难以想象！

软件团队的同事也表示，这纯属多此一举，没事找事！运维中心的领导也表示："你们根本干不出来，太复杂了，自讨苦吃！"

反对该方案的人明显多于支持的人，反对的声音也越来越大，看样子这个"创意"要泡汤了。

有人开始私下议论，高杰为了自己出风头，刨了一个大坑让大家往里跳……

峰回路转

徐总把高杰叫到办公室，点上一支烟说道："听说你有个绝妙的主意，说来听听！"

徐总听完高杰的汇报，沉思了好久，烟灰掉到了桌子上才回过神来。

徐总问道："友商有这么做的吗？"

高杰说："不知道，我估计应该没有！"

于是徐总说："那这样，你抓紧调查一下，类似这种需求，国际上的竞争对手都是怎么做的。"

三天后，高杰把一份报告放到了徐总的办公桌上，排名前五的供应商没有一家采用过这种方案，连技术实力最强的爱立信也是根据用户提供的需求，构建场景后再配置参数，和华为一直采用的做法没有本质区别，顶多是场景化的能力更强、经验更多而已。

其实高杰已经对自己的克隆方案不抱什么希望了，他自己也觉得虽然这么做客户很省心，但是对华为而言，这无疑是在给自己找虐，这种异想天开的做法会遇到多少难题，会出现什么风险，完全超出了自己的掌控能力。而且，领导不会允许这种不靠谱的做法出现在真实的项目中，尤其当下华为面对的是沃达丰这样的客户。整个公司在经历了无数的冷眼、无数的拒绝后才刚刚有了这一次进军欧洲的希望，怎么可能冒险？

就在高杰打退堂鼓时，徐总说道："我和老板汇报过了，支持你的想法！"

高杰简直不敢相信自己的耳朵，这也太疯狂了！

接下来，更疯狂的事情是老板出席了沃达丰项目动员会，语重心长地和大家说："这是咱们第一次有机会进入欧洲市场，咱们一穷二白，没有什么放不下的。如果还是谨小慎微地做，注定打不开局面，甚至还要被动挨打。所以要么不做，要做就做到最好！在这个项目上，我们要解放思想，放开手脚，顶住压力，不惜成本，不计代价，争取在技术架构上取得突破，领先竞争对手半个身位！"

老板的话语点燃了所有参会的人。接下来，各部门挑选精兵强将，火力全开，形成前所未有的最强战队，统一由高杰协调调度。虽然高杰身经百战，各种场面也都经历过，但这一次也让他感觉到有一股海啸般汹涌澎湃的力量在推着他和他的团队向胜利进发！

背水一战

克隆方案经历了一个又一个困难，高杰和他的团队也经历了一个又一个不眠之夜，困难被这些能力超群又拼命工作的人一个个踏在脚下。在项目庆功会上，沃达丰集团无线总裁为华为公司竖起大拇指，因为在他眼里这完全是不可思议的成绩。

连高杰都没有想到的是，经历了这个项目，运维团队从一群重复劳动的技术民工变成了钻研规则、谋求创新的软件专家。平台功能不断被开发出来、不断成熟，凭借平台的交付能力，华为在欧洲摧城拔寨，赢得了一个又一个胜利。这种交付思想被友商逐个跟进，华为成了行业标杆。

"把简单留给客户，把复杂留给自己！"这个理念被写进了整个华为公司的基因。

◇ 当遇到困难时，只有不轻言放弃，才有峰回路转的机会。

◇ 他山之石可以攻玉，走出行业的小圈子，借鉴其他行业的做法，或许能够让你茅塞顿开。

◇ 只有领先对手半个身位，有魄力进行战略投入，才能获得竞争优势。

◇ 一切以客户为中心、为客户创造价值、为客户提供极致的用户体验才是永恒的真理。

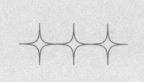

10. 项目经理的权力

案例背景

　　在许多公司，项目经理常常抱怨责任大、权力小，谁也指挥不动，项目推进举步维艰。项目经理除了撸起袖子自己干，实在想不出什么更好的办法。

　　小伟在一家互联网公司担任开发工程师，这家公司的主营业务是手机端读书 App。小伟和其他开发工程师没有什么不同，日复一日地写代码、修改漏洞，还动不动被要求加班熬夜赶进度。

　　小伟所在的公司还处于创业阶段，管理谈不上规范，所有人都在磨合。有个突出的问题是大大小小的项目很多，但谁都不愿意当这个项目经理，因为大家都知道项目经理这个岗位是个"大坑"，除了挨怼、救火，就剩下背锅了。每次有了新项目，为了谁当项目经理这个事，常常开一上午会都定不下来。

一次，公司又发起了一个新项目，各部门按惯例抽调人手组建了项目团队。团队第一次聚在一起开会，又到了选项目经理的环节，气氛开始变得尴尬起来，大家纷纷低头看手机，谁也不表态，空气仿佛凝固了一般。

小伟起身去了趟卫生间。没想到，回来时会议室气氛很活跃，大家一个个都眉飞色舞。原来，大家一致推荐小伟担任这个项目的项目经理！这真的是"关键时刻怎能尿急"。

就这样，小伟被赶鸭子上架当上了项目经理，可是，项目该怎么管呢？团队该怎么带呢？小伟一脸迷茫。当想到之前别的项目经理被各种冲突折磨得痛不欲生，被各种人怼得欲哭无泪时，小伟感到后背一阵阵发凉。

学以致用

既然不能坐以待毙，那就只能迎难而上。小伟从来没做过项目经理，之前只考虑技术层面的工作，从没往管理层面考虑，现在只能从头学起。搜索"项目管理"，小伟发现项目管理还真是一门学问，居然有项目管理专业人士（PMP®）认证。抱着试试看的想法，小伟决定报名参加培训。

和其他同学为了考证不同，小伟学习的主要目的是解决眼前的难题。小伟认真听课，生怕错过一个细节，认真做笔记，不放过一个案例。关键是，小伟现学现用，下课后马上去实践。

第一件事，小伟去文具店买了一摞空白奖状，回到公司就开始"创作"，他设置了"本周项目之星""项目杰出贡献者""最佳项目团队成员"等一系列奖项，然后找到公司领导，希望在这些奖状上盖上公司的章，领导觉得这没什么，就把章给他，让他自己盖。

接下来，小伟就开启了花式发奖状模式，周周发，月月发，找个理由就发。刚开始，获得奖状的小伙伴并没有太在意，毕竟拿到奖状也没得到什么实际的好处，既没有升职也没有加薪，既然给了就拿着，只当留个纪念吧。

很快，小伟迎来了峰回路转的契机，公司筹备上市，领导吩咐人力资源部选出公司级的先进人物并对其进行宣传，以彰显一家准上市公司的形象。人力资源部犯了难，选谁好呢？后来发现有些人获得小伟的奖状多，那就是他们了！于是，这几位小伙伴接受了采访，荣登官网头条，公司也为他们拍摄了巨型海报和宣传片，一时间他们风光无限！随着铺天盖地的宣传，这几位小伙伴在领导心中留下了深刻的印象，如果有升职加薪的机会，那当然要优先考虑公司的先进人物，这真是妥妥的马太效应，即人越火机会越多，机会越多人越火。小伟的奖状变得炙手可热，大家都渴望得到小伟的奖状。后来，小伟的奖状正式升级成为公司分量最重的官方奖项——金袋鼠奖。

小伟的逆袭绝不是靠花拳绣腿，而是实实在在的能力精进。他当选项目经理后，公司的小伙伴们都争着抢着要求加入他带的项目团队！大家发现，同样都是进行敏捷开发，公司其他团队在一个冲刺中完成 3~4 个用户故事就已经很不容易了，而小伟带的团队常常在一个冲刺中就能够完成 6~8 个用户故事，产出是其他团队平均水平的两倍。更关键的是，他带的团队很少返工，基本不加班。而且，他带的团队士气高涨，每天干得热火朝天，时间安排得紧张而有序，每个人都忙碌并快乐着，这让其他团队无比羡慕。

小伟被堪称是学以致用的典范，他把课上学到的项目管理知识结合自己公司的实践，编写了一本仅供公司内部使用的《Z 公司项目经理手册》，还专程到清华大学拜访带他进入项目管理领域的老师，邀请老师为他的《Z 公司项目经理手册》作序，这本《Z 公司项目经理手册》公司项目团队包括公司领导人手一册。每当出现不同意见，他又说服不了对方时，他就会翻开《Z 公司项目经理手册》中的序，说道："你看，清华大学老师说，项目就得这么做！"

在小伟的带动下，公司先后有上百人考取了 PMP® 证书、敏捷管理专业人士（PMI-ACP®）证书。正所谓星星之火可以燎原，小伟就是那个火种，项目管理文化在 Z 公司蔚然成风。小伟在不到三年的时间里，从一名项目管理小白成长为项目管理实践专家，职位也从一名普通的开发工程师晋升到上市公司项目管理办公室（PMO）总监。

案例分析与总结

◇ 谁说项目经理没有权力？只有不会用的人才可能这样说。

◇ 小伟创作奖项，就是项目管理中"奖赏"的权力。不要小瞧这些看上去微不足道的奖赏，只要你有诚意，只要你肯坚持，每一个小小的奖状都是公司对团队成员努力的肯定、进步的见证，都能让团队成员感受到被尊重，感受到温暖和用心，他们会因此更加努力，以不辜负这份荣誉，对得起这份信任。

◇ 小伟带团队风生水起，大家争相投靠，靠的就是项目管理中"专家"的权力。因为小伟掌握了项目管理的知识、方法和工具，可以更好地厘清项目管理中的优先级，能够带领大家制订出更加合理、可行的计划，能够预判和有效应对项目中的各种风险，所以可以做到更少的返工、更多的产出、更少的加班、更高的士气。因为专业，所以小伟能够赢得大家的信任，在项目管理中也就有了更多的话语权。

◇ 小伟主动编写《Z 公司项目经理手册》并邀请清华大学的老师作序，这就是项目管理中"参照"的权力，即当自己的影响力不足时，可以借助你背后的那个人的力量来增加说服力。运用这种权力的潜台词是，如果我说的你们不信，那么圈内专业人士说的你们总信了吧！

◇ 项目经理的权力不是与生俱来的，也不是公司自然赋予的，而是靠自己的努力去挖掘的，就算没有权力也可以创造权力。项目经理通过不断学习，勇于实践，持续精进，可以为团队赋能，为项目创造价值，为团队成员的进步和成长提供帮助，从而获得大家的认可，赢得伙伴的尊重，也因此自然拥有了权力。

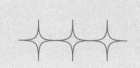

11. 难产的机器人

案例背景

    D 公司主要经营电脑外设的设计外包业务，比如承接一些知名电脑品牌外接音箱、蓝牙音箱的设计。经过近十年的努力，D 公司逐渐拥有了相对稳定的客户群，也掌握了一定的上游供应商资源，技术团队也逐渐成熟。有一天，老板召集包括小何在内的几位骨干员工开会，兴致勃勃地向大家宣布了一个伟大的计划，那就是自主开发一款陪伴老人的机器人。之所以有这个想法，是因为老板观察到现在空巢老人非常多，儿女工作忙没时间陪伴，老人孤独寂寞的问题越来越突出，因此，一款可以陪伴老人的机器人一定是有需求的，而且老板坚定地认为这个需求是刚需，市场非常大。当下是公司推出自主研发爆款产品、实现华丽转身的千载难逢的机会。

    虽然参会的几位员工都没做过类似的产品，没有任何把握，但看到老板坚定的眼神，都觉得老板说得挺有道理，很想一试身手，摆脱不断重复地替客户设计没有技术含量的产品的局面，并且万一成功了呢……于是，一个全新的产品研发项目就这样盛大启动了！

老板亲自部署，直接调兵遣将，把公司里能力最强的人都抽调了出来，组成了阵容强大的项目团队。

意气风发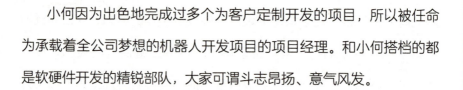

小何因为出色地完成过多个为客户定制开发的项目，所以被任命为承载着全公司梦想的机器人开发项目的项目经理。和小何搭档的都是软硬件开发的精锐部队，大家可谓斗志昂扬、意气风发。

虽然项目立项了，项目团队也有了，可是应该把机器人做成什么样子呢？机器人应该具备哪些能力呢？大家你看我，我看你，谁也说不出个所以然。有人提议，大家头脑风暴一下；有人提议，看看竞品都有哪些功能；有人提议，问问家里老人都需要什么功能；也有人提议，干脆听老板的。小何决定兵分几路，分头行动，调研一周后回来汇总。

问老板意见的伙伴回来说，老板只是看到这个机会，至于开发什么功能，让我们研究。调研潜在用户（家里老人）的伙伴带回来太多不同的需求：耳朵背的老人需要在有人敲门时能听见；记性差的老人需要被提醒做完饭关煤气灶；腿脚不便的老人需要被搀扶；想孙子的老人希望能通过视频看到孙子。然而，并没有几个老人提出需要机器人陪伴解闷。这可怎么办，众口难调啊！还是做竞品调研的伙伴带回来的信息最靠谱，让他们没有想到的是，市场上已经有很多陪伴型机器人产品，而且功能大同小异，基本都是通过语音控制的智能音箱（如小度、小爱、小艺、天猫精灵等）来完成老人发出的指令。既然大厂对产品的设定都是这个方向，那么这个方向应该没有错，我们抄作业不就行了吗？团队立刻有人提出反对意见，如果我们跟在竞品后面模仿，那我们还有什么竞争优势？无论资金、技术、渠道、流量还是用户基础都完全不是人家的对手，这么做注定没有出路。

老板在关键时刻给了指导性意见，要做就要做出特色，没有创新就没有机会！至于成本，不要顾虑，这是公司最重要的项目，要不惜一切代价！

有了老板给的这颗定心丸，团队稍稍有了点底气，大家可以放开手脚，寻找最有可能突破的创新点了。

步步惊心

　　除了竞品的语音控制播放音乐、播放视频，与儿女视频聊天等标配功能，这款机器人还能做什么呢？有伙伴提出，老人如果独自在家不慎摔倒，很可能很长时间都没人发现，我们可以开发一个智能视频监控功能，一旦发现老人摔倒，机器人便立即自动拨打儿女的手机报警。也有的伙伴提出，老人经常忘记吃药，甚至忘记今天是否已经吃过药，机器人可以定时提醒老人吃药。真是好主意，大家一拍即合，马上投入开发。

　　但是开发过程并不顺利，听上去很简单的智能视频监控功能，真正开发起来全是问题。尽管算法被不断优化、不断训练，可机器人还是很难准确识别老人摔倒这个场景，不是漏报就是误报。几个月过去了，进展微乎其微，团队几近崩溃。老板也开始着急，建议将这部分功能外包，可外包过程也不顺利，四处碰壁，外包方不是技术不过关，就是半路撂挑子。项目已经运行到第八个月，团队还困在泥潭中无法自拔。这时候老板的一个朋友来公司做客，聊起这个功能，朋友说道："老人在家里活动的空间很多，卧室、客厅、餐厅、厨房等，难不成所有房间都安排上你们的机器人吗？再说，老人在卫生间洗澡滑倒怎么办？总不能在卫生间里也安装摄像头吧，老人摔倒主要是洗澡滑倒的，可是老人也需要隐私保护啊！"老板羞愧难当，这么简单的问题我们怎么就没想到呢？于是，这项功能开发宣布作废，折腾了大半年的努力就这么作废了，羞愧、懊悔、心痛、沮丧，种种复杂的情绪交织在一起，让团队压抑得喘不过气来。

吃药提醒的功能倒是没费太大周折，很快就实现了，算是给了团队一丝丝安慰。不过后来事实证明，对于使用智能手机的老人来说，智能手机就能帮助其解决这个需求；而对于不使用智能手机的老人来说，他们也不愿意学习使用这个机器人提醒吃药的功能，因为这比让他们自己记住吃药更难。然而，更让人绝望的是，某电商平台上 3 元包邮的分药盒早已解决了大部分老人每天吃药的问题。

壮士断腕

一次次打击，不仅伤害性大，而且侮辱性更强，生性乐观的小何也开始不自信起来。但他是项目经理，他要努力克制不让自己的负面情绪影响团队，他要是打退堂鼓，那么整个团队就散了。这期间，老板倒是没有责怪和埋怨，反而一次次地鼓励团队从失败中走出来，因为创新总要付出代价。

　　老板对团队的信任也在悄无声息地发生着变化，他开始越来越多地参与项目，亲自提需求。原本的产品经理成了摆设，只负责记录老板的想法和要求，没过多久便主动辞职了。虽然产品在名义上经历了一次次迭代，但其实大家都知道，该产品实际上是一次次被推翻重来的。陪伴型机器人不断变换着自己的角色，如全屋声控开关、广场舞音箱、综艺节目播放机、音乐门铃、电子相册、手机无线充电器等，功能一次次变换，一次次无疾而终。项目团队成员像走马灯一样来来去去，团队士气更是如同坐过山车，从壮志凌云到坠入深渊，从大起大落到波澜不惊，再到麻木不仁，大家始终看不到产品的曙光。在小何不得不离开公司的时候，机器人仍然没有实现量产。担任项目经理两年，留给小何的是一言难尽的惆怅，还有不堪回首的过往。

◇ 一个产品的成功需要的不只是团队的激情，更需要科学的方法。严谨而扎实的用户需求确认是一切的起点，用需求驱动开发远比用技术驱动开发更能接近成功。

◇ 老板一句话催生了一个新项目，但往往也埋下了失败的祸根。如果没有清晰的范围，就没有项目管理可言，更谈不上合理的进度计划和成本预算。

◇ 对于需求不明确的项目，应当采取精益的原则，例如，使用最小可行产品（MVP）方法，用最小的代价、最快的速度验证用户最核心的需求，然后再小步快跑，不断通过需求验证来驱动产品开发。

◇ 老板的参与和支持对项目固然重要，但新产品研发项目更需要明确、合理的决策机制，自组织团队往往比老板的"一言堂"更有利于项目的成功。

◇ 对标竞品的做法比闭门造车更合理，但在一些新的领域很可能竞争者也没找对方向，产品常常昙花一现，很快就被淘汰、被遗忘。在竞品基础上搞创新，原则上没有错，不过风险巨大，应发挥敏捷的优势，快速试错，及时止损。

12. 管理甲方

案例背景

　　小林就职于一家从事智慧政务的软件公司，任开发部经理。公司仍处于创业阶段，历经三年的跟踪和不懈努力，公司中标了一个县域智慧旅游项目，中标价格为 5000 多万元。这是公司到目前为止中标金额最大的项目，公司上下兴奋不已，感觉公司马上就要迈入下一个发展阶段了。

　　该项目的甲方为某县数字化建设办公室（以下简称数字办），小林作为公司核心部门的负责人，担任该项目的项目经理，直接对接甲方需求和开发团队。小林接到项目后首先充分研究了投标书和合同文件，然后立即与数字办主任沟通，数字办主任对这个项目非常重视，也非常积极，因为这是该县数字办近年来最重大的项目。有了领导的支持，小林和团队感觉信心满满。

四面楚歌

但小林很快就发现了一个问题，数字办是县行政二级部门，级别为副科级，而这个智慧旅游项目覆盖了该县全域的旅游，并且涉及方方面面的沟通和协调，如旅游局、商务局、公安局、交通局、水利局、住建局，以及发展特色旅游的所有乡镇。这其中涉及大量的需求确认、系统对接、数据同步等业务，然而，数字办在协调这些单位和乡镇时暴露出了力不从心的尴尬局面。在和每个单位沟通项目时，数字办都会收到花样繁多的要求和各式各样的困难，小林和团队根据反馈一遍一遍地修改项目方案，但在和下一个单位沟通时方案往往又被推翻，不得重新来过，更要命的是每家单位的要求不但五花八门，而且常常相互矛盾，每家单位又都很强势，如果达不到要求，项目就无法推进。小林感觉到自己就像一只招惹了"群狼"的"羔羊"，既无力又无助，数字办主任也表示很无奈。

小林耐着性子一个庙门一个庙门地拜，一个多月过去了，小林还没拜访完这些单位。好不容易做通了这家单位的工作，上一家单位的要求又变了，小林意识到了问题的严重性，因为这样下去团队迟早会被拖垮，项目也早晚会被拖黄。数字办主任诉苦道："这些单位级别都比我们高，又都是实权单位，根本不把我们当回事，我们也很憋屈，但确实无能为力。"

力挽狂澜

　　小林和公司领导及团队商量后，希望通过数字办约县长做一次项目汇报。县长很快安排了时间，会上，小林直接阐述了项目目前的问题，同时给县长提出了建议方案：这个项目对全县未来的发展至关重要，是该县实现产业转型的关键所在，所以，第一，强烈建议县长亲自挂帅，统筹各部门、各单位通力合作；第二，建议实行项目周例会制度，各单位指定能够做主的相关领导参会，并且必须每周落实会议决议。县长听完汇报，表示基本同意小林的方案，一定全力支持项目。很快，县长挂帅成立项目领导小组，并指定分管旅游的副县长担任甲方项目负责人，每周各单位明确参加项目周例会的主管领导，并形成书面会议决议，会后紧抓落实。

　　这次汇报从根本上扭转了项目的被动局面，各单位配合力度空前提高，沟通效率大幅提升。虽然在之后的项目推进过程中还是不可避免地遇到了各种问题，但是有了县长、副县长和各单位负责人的支持，问题最终都得到了妥善解决，项目推进顺利，最终在计划的时间顺利交付验收，得到了各方的好评。

案例分析与总结

✧ 在项目管理中，不仅要管理自己的团队，而且要积极地向上管理。只有推动甲方明确项目责任人并建立高效的决策机制，才能摆脱被当球踢的被动局面。

✧ 遇到困难，不能坐以待毙，要敢于突破现状。只要从客户角度出发，坚持为客户创造价值的初心，就会得到客户的理解和支持。

✧ 与客户沟通，可以讲困难、谈问题，但不要吐槽、抱怨、甩锅，而是要认真分析，积极给出建设性的解决方案，即不要把困难推给客户，而是和客户一道解决困难。

13. 诸神的黄昏

案例背景

　　某工业楼宇开发项目，建安工程造价约 4.5 亿元，招标方式为工程总承包（EPC）招标，业主方为当地城投公司，施工总承包方为某央企施工单位，设计方和监理方为民企。该建安工程项目各参与方如图 13-1 所示。

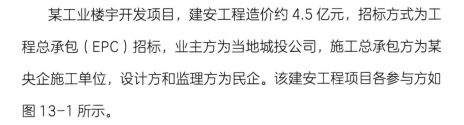

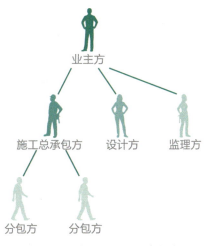

图 13-1　建安工程项目参与方

两全其美

公司对每个项目经理都定了新签合约额指标，项目经理在拓展项目时，为了让指标完成得更好看，达到超额完成的效果，可能会虚增合同金额，比如，将一个 8 亿元的项目报成 10 亿元。公司为了避免这种情况出现，会按照最终中标合同金额来计，因为中标合同金额是经过公开招投标确定的，所以很难做手脚。但是，上有政策，下有对策，有的项目经理会和业主方商量好，让业主方配合在招标时虚增合同金额。但是要想让业主方把项目包做大，需要对业主方有利才行。对于眼前这个项目，把合同金额做大对业主方确实有好处。这是一个工业楼宇项目，也就是产业园区开发。根据当地政府的政策，开发这个项目可以向银行贷款，贷款额度是以项目的总投资额（其中建安工程合同金额占比最大）为基数计算的，如此一来，做大了合同金额，业主方从银行贷款的额度也会变大，从而可以有效减轻业主方的资金压力。总之，做大项目造价，对于业主方和施工总承包方来说是两全其美的事。

百密一疏

　　天上不会掉馅饼，如此两全其美的事情，总是要付出一些代价的。随着项目的逐步推进，这种操作所带来的问题浮出水面。根据相关法律法规规定，业主方在项目合同签署后的一定期限内，应将安全文明措施费支付给施工总承包方，即便该项目属于EPC招标，预算尚未编制和审批完成，业主方仍然需要以中标价为基数，乘以相应的比例支付。这对于业主方来说，由于合同金额的基数扩大了，相当于提前多支付了安全文明措施费。本项目安全文明施工费计取比例为3.9%，中标合同金额（即虚增后的合同金额）为6亿元，实际的造价约4.5亿元，业主方被迫向施工总承包方提前多支付了585万元的费用。虽然最终结算时会多退少补，但对于业主方来说，提前支付这部分费用显然增加了财务成本。除此之外，根据当地建设管理部门的要求，业主方需要根据合同金额计取农民工的工资（一般为合同金额的20%），分摊到每个月支付给施工总承包方。这样一来，由于合同金额的基数扩大了，导致业主方支付给农民工工资的额度也提高了，虽然这部分资金在最后结算时也可以多退少补，但提前支付这部分费用进一步占用了业主方的资金。作为业主方，肯定希望在不影响施工的情况下少支付和晚支付，而扩大合同金额则造成了业主方早支付和多支付安全文明施工措施费用和农民工工资。

业主方曾提出让施工总承包方垫付需要其提前支付的费用，但施工总承包方哪肯受这样的委屈？何况施工总承包方自身的利益诉求也是早收和多收，所以无论业主方如何威逼利诱，施工总承包方都坚决不让步。

业主方很无奈，只能两害相权取其轻，既然想要在银行多提贷，就要承受提前多支付安全文明措施费和农民工工资的代价。

祸不单行

项目的招标方式是 EPC 招标，由施工总承包方和设计方组成联合体进行投标。设计方之前与业主方协商好设计费按照每平方米计算单价，总建筑面积是固定的，相当于设计费总额已确定。但是根据当地政府对国有企业审计的要求，设计费要以工程施工合同金额为基数取某一费率。业主方提出，用之前已经商定的设计费总额除以施工合同金额来计算设计费率。设计方认为，只要设计费总额不变就行，所以也能接受这种安排，就按照计算出来的设计费率投标。

但在即将签署设计合同的时候，问题出现了，审计要求设计费必须按照最终确定的施工造价乘以设计投标时的费率计算。由于预估最终结算时的施工造价会比招标时的工程施工合同金额缩水 25%，所以设计费也会跟着缩水 25%。设计方表示扩大合同金额对你们业主方和施工总承包方都有利，可是对我非但没有利，还要把我应得的而且是事先商定好的费用大打折扣，为什么让我们设计方承受损失，我们招谁惹谁了？于是在签署合同的时候，设计方表示不能接受，相应的损失需要业主方找补回来。后来发现除了设计方，监理方也遭遇了同样的情况。

压力传递

EPC 合同需业主方、施工总承包方、设计方三方签章，如果设计方不签，合同就无法备案，也就无法办理施工许可证。对于设计方的要求，业主方无法回避，必须想办法弥补，那么怎样弥补呢？业主方想来想去，也没想出如何从自己的账户把这笔补偿支付过去，于是就把目光转向了施工总承包方，理由也比较奇特，这一切的问题都是为了配合施工总承包方做大合同金额才产生的，所以施工总承包方应出这部分资金。施工总承包方当时就蒙圈了，心想为什么是配合我来做大合同金额？业主方自己不也获利了吗？再说，设计费的事情是业主方和设计方洽谈好的,我们施工总承包方和设计方半点关系都没有,只是在投标时被迫绑在一起投标而已。业主方在招标时没想到这个问题,才导致设计方和监理方掉坑里了,这个锅我可不背。

羊毛出在羊身上,业主方、施工总承包方和设计方一起研究,想出来一个办法,即由业主方将施工总承包合同中的部分建筑类别进行调整,调整后所增加的造价扣除相应的税费后刚好可以弥补设计方的损失,然后由施工总承包方与设计方单独签署一个设计咨询服务协议,将该部分资金支付给设计方。

其实,这个操作最终是由业主方承担了这部分费用,虽然想法是好的,但是存在一个路径问题,即施工总承包方是央企,有相应的审计要求,跟设计方签设计咨询服务协议,这在审计时是无法通过的。施工总承包方的领导没有人敢拍板签署这个协议,更别说支付给设计方资金了。所以,项目再一次陷入了僵局。

只要思想不滑坡,办法总比困难多,央企签不了这个协议,但是民企可以签!于是各方又把目光转向了施工总承包方的下游单位——某民营分包方,于是施工总承包方将这部分因调整建筑类别而增加的造价通过分包合同平移给了分包方,分包方再与设计方签署一个设计咨询服务协议,将该部分资金支付给设计方。由于分包方与设计方都属于民营企业，相对比较灵活，老板评估后觉得不亏，所以就按照这个方式来执行了。同设计方一样，监理方的损失也是通过这种路径解决的。

案例分析与总结

◇ 央企施工总承包方方面：绩效考核机制存在漏洞，在施工总承包方对项目经理新签合约金额的考核指标的压力下，项目经理有了造假动机，也就有了虚报合约金额这种见不得人的操作。这说明公司管理制度存在漏洞，无论绩效考核、奖金发放，还是人员晋升，都应该与项目最终的实际合约金额挂钩，从而从根本上消除项目经理造假的动机。

◇ 政府方面：公开招投标原本是使甲乙双方的勾兑建立在合法的基础上，但公开招投标在国内推行了多年，工程领域依然存在腐败问题。国家应该加大监管力度，拿出切实可行的措施，避免公开招投标流于形式。

◇ 地方国企方面：案例中的一系列操作，表面上看起来各方都没有遭受损失，但深入思考就会发现，为了弥补设计方和监理方的损失，业主方通过调整建筑类别提高了施工造价，给国家造成了损失；此外，通过提高工程造价骗取了更多银行贷款，造成国家金融资源的浪费。政府应对地方国企进行严格审计，避免类似问题的发生。

◇ 民企方面：从本案例可以看出，在建筑市场上，民企相较央企、国企往往属于弱势的一方。国家应该深入研究如何对民企给予必要的支持，营造公平公正的市场竞争环境，激发民企的活力。

◇ 项目经理方面：坚守底线，消除侥幸心理，不做出超越红线的违法违规行为；持续学习，积累经验，提升能力，通过积极正面的措施来提升项目绩效；多请教有经验的资深人士，借助"外脑"少走弯路；传播正能量，严于律己并影响周围的人。

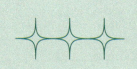

14. 没用的项目管理部

案例背景

　　小陈刚刚被提拔，从一名项目经理升任为公司项目管理部经理，统管全公司的项目。小陈大学一毕业就来到了这家公司，今年已经是第八个年头了，一直做软件开发工程师，后三年兼任项目经理。这次被提拔有些突然，主要原因是上一任项目管理部经理离职了，空出来这个职位，因为小陈在公司年头够长，人缘也不错，所以这个机会就落到了小陈头上。

　　不过，小陈对这次升职既有些兴奋，又非常忐忑。兴奋的是可以站在更高的视角管理全公司的项目，忐忑的是这个岗位并不好干。公司的组织架构有些复杂，如图 14-1 所示，项目管理部要对项目总监负责，同时又要向总经理汇报。名义上项目管理部能够管理全公司的项目，但公司每个项目组都要对项目总监负责，同时还要对相应业务口的总监负责；对于稍微重大一点的项目，都是总监亲自兼任项目经理，级别都比项目管理部经理高；各项目组的习惯也是直接向总监汇报，甚至直接向总经理汇报，根本没有人把项目管理部当回事。这个项目管理部形同虚设，项目管理部经理在公司里没有什么存在感。

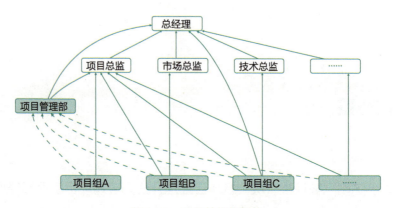

图 14-1　公司的组织架构

知难而上

对于小陈而言，不管这个经理好不好当，它终归是个部门经理的岗位，级别和待遇上了一个台阶，而且这个岗位比做完项目就自动消失的项目经理岗位稳定多了。再说，领导给的机会也不能随便拒绝。更重要的是，小陈还是想试试，就算干不成，大不了回来接着当项目经理，反正也没有什么好损失的。

事实证明，小陈还是肤浅了。小陈当上项目管理部经理后，等来的不是同事们的羡慕和祝福，相反，原本关系很好的同事似乎也有意回避他，没有原来那么亲近了。再想想，上一任项目管理部经理为什么在这个岗位上还不到一年就离职了呢，小陈也听说过上一任项目管理部经理的种种不愉快的经历。

小陈鼓起勇气去找各项目经理了解项目情况，可等待他的不是各种推托，就是各种敷衍，甚至还有白眼。小陈也是项目经理出身，完全能够理解他们的反应，作为项目管理部经理，既批不了预算，又不掌握资源，还不决定绩效考核，拿着鸡毛当令箭，对项目指手画脚，问这问那，除了给人添乱添堵，什么忙也帮不上。这样的经理能招人待见吗？

屡战屡败

小陈不甘心就这么放弃，因为他还没有开始，还什么都没干呢。小陈一直在思考，这样一个不招人待见且确实没什么用的项目管理部为什么会存在呢？原来，这个部门是上一任总经理设立的，当初是为了解决公司项目管理不规范和项目失控问题而设立的。但这个部门设立没多久，上一任总经理就调走了，新任总经理没觉得这个部门能解决那些连他自己都解决不了的问题，不过也没到非要裁撤的程度，所以就先维持现状了。当然，新任总经理虽然嘴上什么也没说，但内心对这个部门的不重视是不用传达的，公司各部门都心领神会。

既然设立项目管理部的初心是规范项目管理，那么就从这个初心出发吧。小陈决定编写公司项目管理规范，让各项目组有规可依，有据可循。但这件事的难度远远超出了小陈的想象。首先，项目涉及公司众多部门，项目管理规范的编制需要各部门的参与和配合。第一步就很不顺利，大部分部门负责人都很不配合，甚至认为小陈是没事找事，因为这种跨多个专业、多个部门的规范必然影响甚至改变各部门原有的流程规范，哪个部门又愿意被折腾呢？小陈得不到公司内部的支持，只能从其他公司取经，寻找其他企业的项目管理规范，不过每家企业的业务及管理模式不同，别人家的规范可参照性不强，而且小陈发现，这些规范多数都比较僵化和教条，实际执行效果如何也无从考证。所以小陈只能根据自己的项目管理经验和自己对项目管理规范的理解，自己创作，耗时了一个半月，结果是编写出一版连他自己都不满意的项目管理规范，这些规范自然也不可能得到各部门领导的支持。项目管理规范这件事只能不了了之。

小陈的当务之急是必须想办法证明这个部门存在的价值，不然这个形同虚设的部门迟早逃不脱被裁撤的命运。小陈观察到公司的项目管理方法很粗放、很原始，使用的项目管理工具也五花八门，每个项目经理都按照自己习惯的方法来管，挑自己顺手的工具来用。小陈认为作为项目管理部，有必要为公司搭建一个统一的项目管理信息化平台，这是对公司、对项目团队都有实实在在的价值的事情。在给总经理汇报了他的想法后，总经理没有反对，他让小陈在充分调研的基础上先拿一个方案出来。小陈开始启动项目管理信息化平台的调研，这一次又让小陈倍感挫折。他首先遭到了公司信息中心的反对，信息中心认为小陈抢了他们的活儿，因为建立信息化平台应该通过信息中心立项，由信息中心主导。小陈好不容易做通了信息中心的工作，双方达成了共识，由项目管理部发起并调研需求，在信息中心立项，归信息中心统一管理，该项目算作信息中心的业绩。接下来，小陈一头扎进需求调研中，但他就像没头的苍蝇一样到处碰壁。每个部门都不希望再用一个系统来打破现在好不容易建立起来的平衡，每个项目组也不希望被一个统一的项目管理信息系统所约束，因为大家自由惯了，在他们眼里，这个未来的项目管理信息化平台无疑就是一道新的枷锁，剥夺了他们原本就少得可怜的一点自由。他们已经亲身经历了很多次，每一次这样的平台都是打着信息化的旗号，目的是满足领导监控的欲望，却给团队增加了更多的负担。被调研的人不是直接反对和抱怨，就是用沉默表达自己的态度。大家都不欢迎的项目管理信息化平台还没立项就胎死腹中了。

　　小陈并没有服输，他相信天生我材必有用。小陈在这家公司工作八年，一直参与和管理项目，他认为公司的项目管理水平不高的一个最主要的原因就是做项目的人不够强，倒不是这些人天生愚笨，也不是这些人不努力，而是这些人大部分都没有系统地学过项目管理，仅凭自己的理解摸索着干，完全是野路子做法，所以在项目管理中总会产生各种低级错误，然后团队乱作一团，需要各种救火、各种补窟窿，非常被动。小陈认为，项目管理部应该承担起项目管理人才培养的职责，定期举办项目管理培训，并且设立评级机制。参加培训的人员通过考核后将获得公司不同级别的项目管理认证，级别越高的人员越可以负责重要且有挑战性的项目。当然，级别也要和薪酬挂钩，项目管理一级、二级、三级、四级分别和其他部门的专员、主管、经理、总监相对应。小陈对自己的缜密设计颇为满意，不过迎接他的却是当头棒喝。在公司里，组织培训是人力资源部的工作，培训预算也都是由人力资源部来掌控的。小陈主动去和人力资源部经理沟通，可还没等他把话说完，就直接被怼了回来。人力资源部经理认为小陈这么做是否定了人力资源部的工作，会让领导认为人力资源部不作为或者能力不行。而且，对小陈来说，这事如果做成了，就相当于抢了人力资源部的功劳；对人力资源部来说，组织培训的权力不能被外人觊觎，评级以及与薪酬挂钩的事，小陈就更别想参与了，这些历来是人力资源部的核心业务。人力资源部经理以"不能随意改变公司人力资源战略体系"为由，把小陈刚刚燃起的小火苗毫不留情地彻底浇灭了。

虽然外面风和日丽，但小陈感觉自己就像站在狂风暴雨中的小男孩，孤独又无助，心里从外到内凉透了。一次次燃起希望，一次次被现实打脸，小陈开始怀疑自己的能力，是不是自己根本不能胜任项目管理部经理？一向自认为心理素质过硬的小陈竟然失眠了：难道自己和上一任项目管理部经理一样，等待他的结局只能是离开？

屡败屡战

小陈不信邪，更不认命，从哪里跌倒就要从哪里爬起来！小陈决定改变现状先从改变自己做起，他疯狂地在网上查阅资料，向在别的公司工作的老同学取经，主动请教公司里资深的管理者，虚心听取各部门领导的意见（包括抱怨），阅读项目管理书籍，报名参加项目管理培训，参加线上线下各种项目管理讲座沙龙。

经过一番修炼，小陈悟出四个字——换位思考。项目管理部到底有没有用，不是自己定义的，而是由别人来定义的。小陈自己也做过项目经理，从项目经理的角度，需要一个什么样的项目管理部，他自己先列出了几条。

● 当项目遇到技术难题或者管理难题时，项目管理部可以找到专家进行指导。

- 当项目之间发生资源冲突时，项目管理部能够协调。

- 当项目遭遇客户刁难时，项目管理部能及时协调公司高层去解决。

- 当项目在跨部门协作中遇到阻力时，项目管理部能帮忙推动进展。

- 项目管理部能提供高质量的项目模板和简单、适用的工具。

- 当项目在评价和绩效考核中遭遇不公时，项目管理部能出头主持公道。

- 项目管理部能够发声，促使公司逐步取消不必要的条条框框、繁文缛节，并尽量简化各种总结汇报。

- 项目管理部能够优化决策机制，提高公司的项目决策效率。

　　小陈拿着自己列出来的想法去和项目经理们求证，得到了项目经理们的普遍认同。当然，他们也只是认同，并没有人相信小陈说的这些真能做到。小陈自己也清楚知易行难，那就从最容易做到的开始。

　　小陈这几个月的勤奋学习在此时发挥了作用，他把自己收集来的不同企业的项目计划模板分门别类地整理出来，并附上应用案例；他把笔记中的各种项目管理工具提炼出来，分别补充了使用说明；他把这些内容上传到公司的维基（Wiki）平台上，供项目组的同事参考。小陈通过参加各种论坛、会议和培训，结识了不少业内有丰富经验的专家，他特意邀请这些专家来公司做主题分享，没想到大家踊跃报名，参会人数不断增加，大家对这种既接地气又干货满满的分享给出了很高的评价。小陈的努力得到了认可，信心得到了鼓舞，他把同事们普遍关心的问题记下来，通过自学和请教他人，把自己的收获录制成一段一段的小视频，发到自己的视频号里，同事们纷纷点赞、关注和分享，粉丝也越来越多，小陈成了公司内部的"小网红"。

小陈低调务实的努力逐渐被同事们接受和认可，同事们在项目管理过程中遇到什么问题都愿意和他商量，他也不遗余力地帮助同事们想办法、找资源、做协调。随着人气的不断攀升，小陈的影响力也随之提高，协调效果越来越好，甚至可以影响到公司领导的意见和决策。自始至终，同事们其实都没有把他和项目管理部经理关联在一起，而是觉得他只是真心诚意帮助大家的好朋友、好伙伴。小陈自己其实非常享受现在的状态，他觉得项目管理部经理这顶帽子太沉重，丢掉这个包袱，反而更能放开手脚。渐渐地，他自己都快忘了这个让人产生距离感、让人容易排斥的职位，想来这个头衔不要也罢。

小陈丢掉了职位包袱，踏踏实实地为大家提供支持服务、排忧解难，虽然没有多少权力和资源，但凭着热心和满满诚意，年底 360 度考评打分时，他自己也没有想到，他的得分在同级经理中名列前茅。小陈用行动改变了大家对项目管理部经理的认知。小陈的努力同样改变了公司领导对这个部门的看法，于是公司正式把项目管理部升级成为公司级项目管理办公室（PMO），小陈成为首任 PMO 负责人，这个变化让小陈从无冕之王升级成有明确职责、明确目标、明确资源、明确权力的管理者。不过，小陈非常清楚，不管职位叫什么，能够获得大家的支持和认可的永远都是真诚而有效的服务。

◇ "换位思考"永远都是处理人际关系的万能钥匙。

◇ 少谈管理，多提供服务，是每一个领导者都应该牢记的原则。

◇ 来自群众的支持和拥护往往比领导赋予的权力更有力量。

◇ 打铁必须自身硬，只有持续学习、有效社交、主动分享，才能帮助领导者获得影响力。

15. "背锅侠"的逆袭

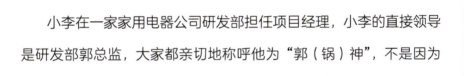

　　小李在一家家用电器公司研发部担任项目经理，小李的直接领导是研发部郭总监，大家都亲切地称呼他为"郭（锅）神"，不是因为郭总监的技术好到可以被封神，而是他特别擅长"甩锅"。

　　小李这个项目经理当得非常憋屈，虽然他对项目尽心尽力，但他负责的项目就没有不延期的，短的延误几个月，长的延误两三年。作为项目经理，小李自然就成了项目延期的"背锅侠"，因为无论如何，都是小李负责的项目延期了。

锅从天降

为什么项目总延期？其实，原因有很多。

第一，原因来自市场部。当市场部有了开发新产品的想法时，就交给研发部来开发，但是这个新想法往往很模糊，具体需求描述不清，而且需求还处在不断变化之中。公司有流程规定，即研发部做出来的产品，其规格必须经过市场部批准后，才能继续开展下面的工作，可研发部提交产品规格后，市场部迟迟不给反馈，因此项目无法继续。

第二，原因来自采购部。小李将填好的采购单交给采购部后，采购单就如同泥牛入海，没了踪影。采购周期是当初采购部认可了的，甚至采购部拍胸脯保证没问题，可现实是项目所需的采购件被一拖再拖，就是采购不来。然而，研发部对采购部以及其他部门的人没有任何管理权，只能无可奈何。

第三，原因来自研发部郭总监。比如一项开发工作，项目经理报10天做完，这10天当中已经考虑了加班的时间，可"锅神"想都不想，大笔一挥改成了6天。工作量不变，功能不能缩水，人手没法补充，就算所有人都加班熬夜也不可能6天交付，如果非要6天交付，就只能牺牲质量了。如果6天交付，就会产生一个低质量的工作成果，低质量必然带来很多负面反馈，而纠正缺陷、弥补漏洞需要额外花的时间往往比6天还多。但是"锅神"坚持认为6天肯定可以干完，如果干不完，那就是你们太懒了。6天的开发加上6天的修补，这个结果远远无法与10天一次性做好相提并论，时间就这么白白消耗了。

公司领导来问责，"锅神"从来不会说自身有什么问题，而是把责任往外推，不是怪市场反馈慢，就是怪采购流程长，实在对外没得推，就调转炮口，瞄准自己人，问题一定是项目经理经验不足、项目团队招聘标准太低。"锅总"真是名不虚传，各种"花式锅"被他甩得出神入化。

对外甩锅，尚可理解，因为有部门立场问题，为了庇护下属；而对内甩锅，那就是没有担当了。

时来运转

小李很郁闷，经常莫名其妙地就背上了锅，成了"背锅侠"。和小李处境一样的还有其他项目经理，大家都对这种甩锅领导非常不满，可又敢怒不敢言。

市场部又提出了开发一个新产品的想法，就是开发一款智能煮茶壶。市场部发现，近几年消费者对养生类家电的需求增长极快，各家电厂商都在推出该类产品。市场上的煮茶壶大多很传统，只能把水烧开，最多可以通过不断通电和断电来实现保温，水温波动很大，无法满足泡茶时不同茶叶对水温的精细化要求。

小李被任命为这个项目的项目经理，但这次不同的是，公司领导对这个项目非常重视，因为这是公司打响进军智能小家电市场的第一枪。研发副总裁亲自挂帅担任这个项目领导小组的组长，研发部总监只是小组成员之一。

约法三章

在项目领导小组听取小李的开发计划时，小李提出了三点建议，其实也是三点要求，因为如果这三点要求不能得到满足，那么小李表示没有信心担任这个项目经理。

第一，这个智能煮茶壶项目不同于公司以往的传统家电，涉及很多新材料、新技术，不确定性很强，需要不断尝试。因此，不能沿用过去的瀑布式开发流程，应采用敏捷开发模式。敏捷团队强调自组织、自主决策，包括制订冲刺计划，进行活动时间估算、资源估算，不需要向上级请示汇报。

第二，对于市场部反馈周期长的问题，建议市场部派专人加入敏捷团队，全程参与开发。

第三，传统的采购流程无法支持敏捷开发的需要，所以在产品预研阶段，需要授权开发团队与潜在供应商合作，获取多家样品并进行比选。

领导小组认为这三点要求虽然打破了公司的管理流程，但是为了保证新产品研发成功，这个尝试是值得的，最终同意了小李的三点建议。

于是小李带领团队按照他提出的原则很快进入敏捷开发状态。领导们，尤其是"锅神"自然非常不适应这种自己无法掌控，连话语权都处处受限的局面，所以不断和小李以及团队产生摩擦。但小李有言在先，欢迎领导参加冲刺评审会，也欢迎领导提出不同的意见和建议，不过是否采纳则由团队民主表决。虽然"锅神"憋得难受，但又无计可施，只能把精力逐渐转移到其他项目上去。小李和他的团队通过斗争逐渐争取到了自主决策的权力。

在小李的强烈要求下，市场部派专人作为开发团队的一员，每天和其他团队成员一起开站会、确认需求、讨论开发方案，因此沟通效率比以往的项目高了很多倍。

小李得到公司授权，对于核心部件，比如智能芯片、传感器、温控开关等，可以提前和潜在的供应商取得联系。各家供应商都非常乐意借给小李所需的样品，并主动配合调试，因为各家供应商都期待新产品量产时能够获得大宗采购订单。

华丽转身

虽然项目遇到了各种各样的困难和挑战，但在全新的开发模式下，团队成员感受到了前所未有的自由和创新空间，于是大家都积极投入，团队也越来越团结。这个产品虽然比以往的产品更复杂，开发难度也更大，但团队只用了不到传统开发方式一半的时间就达到了量产要求。项目取得了成功，同时也改变了公司项目管理的环境，为之后很多新产品开发项目探索出了一条新路。

小李从一个"背锅侠"华丽转身，成功逆袭，成为全新的智能产品事业部首任总监。

◇ 若遇到没有担当只会甩锅的领导，并不表明到了世界末日。只要你足够优秀，就总会有施展才华的机会。

◇ 背锅的经历也很宝贵，只有在逆境中才更能发现问题的症结所在，才更有寻求突破的决心。

◇ 约法三章，只有抓住关键时机确立新的规矩，才能形成新的秩序。

◇ 只有不断学习、不断储备能量，才能在机会来临的时候逆袭成功。

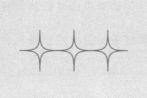

16. 知错难改

案例背景

　　小杜作为项目经理，负责一家客户系统的年度例行检修维护项目。这家客户是知名的乳制品企业，小杜负责的项目是冰激凌生产线的年度例行检修维护。不过近两年，小杜负责的项目在公司内部的客户满意度评价排名上垫底。小杜非常不解，在项目实施过程中，并没有和客户起冲突，也没有感觉客户有什么不满意，为什么评价会这么差？

　　一年评价排名垫底，小杜反省的是自己哪里做得不好；两年评价排名垫底，小杜开始怀疑自己的沟通能力和管理水平。小杜实在忍不住了，他决心找到问题的根源，不能就这么不明不白地每年垫底。

刨根问底

　　小杜排查了项目中的各个环节，没有发现异常，实在无计可施，便鼓起勇气找客户讨个说法。小杜和客户诉说了自己的困惑，客户（和他对接的生产车间负责人）也是一头雾水，因为他并没有对小杜的项目做过满意度评价。

　　好在生产车间负责人是个热心肠的人，帮小杜多方打听，终于揭开了真相。原来，这个评价分数是客户采购部的人打的，为什么打分会这么低，采购部说每年项目还没开始，就发来满意度评价问卷，采购部认为这肯定是小杜的公司的信息系统出了问题，项目还没开始做，评价什么？因此就没有当回事，也没有把问卷发给生产车间，但是小杜的公司还要求必须反馈问卷结果，否则系统会不停地发送邮件催促。所以采购部很不耐烦，憋着一肚子火对问卷中的所有问题都选了最低分提交了，因为这种评价根本就没有意义。

　　那么为什么项目还没开始就要求客户做满意度评价呢？其实，确实是小杜公司的信息系统出了问题，只不过这个问题并不是信息系统造成的，原因还挺复杂。原来，合同约定，给客户的冰激凌生产线做例行检修维护，只能安排在生产淡季，也就是每年 12 月下旬到次年

1月上旬，检修窗口期很短。但小杜的公司所使用的信息系统要求，项目只有在系统中立项并审批通过，才能协调相关部门的人力资源、预订设备、采购零部件和耗材。如果等项目实施的时候再立项，这些工作根本来不及做。但是一旦立项，系统就开始监控并考核项目进度，各种黄灯、红灯会大片地呈现，所以不能提前立项。这个矛盾由来已久，小杜多次向上级反映，但问题始终没有得到解决。项目管理部给小杜出了个主意，虽然信息系统是死的，但人总是活的，你可以每年提前几个月提交项目立项申请，这样就不耽误在信息系统中提前发起资源协调和物料采购，等到项目真正开始的时候，你再提交一个项目立项申请，把之前的项目信息克隆过来，这样既满足了项目准备的要求，也满足了进度监控与实际情况相吻合的需要。多年来，小杜一直按照这个方法立项，并没出现过问题，为什么最近两年连续出问题呢？

原来，以前的客户满意度调查是由项目经理自己在信息系统里手动设置并发起的。三年前，当公司信息系统升级时，质量管理部门反馈，总有项目经理有意无意地忘记发起客户满意度调查，因此，质量管理部总因为缺失数据而遭到批评，所以 IT 部门把客户满意度调查改成了系统默认自动发起，而项目经理并不知道这个变化。

知错难改

　　既然真相大白，公司自摆乌龙，那么知错就改不就行了吗？小杜没有想到的是，改这个错的难度超乎想象。

　　小杜认为这个错误不是由自己造成的，和自己没有关系，自己在完全不知情的情况下就得了差评。IT 部门认为，所有项目的设置都是统一的，既然大家对自动发送客户满意度问卷都没意见，就不能单独为你这一个项目修改系统。质量管理部说，我们只要求数据完整，至于技术上怎么实现不是我们该考虑的事。项目管理部说，系统就这么"笨"，我能有什么办法？销售部说，谁让你们项目还没开始就给客户发满意度问卷了？我们在合同中也不能要求客户收到问卷不要理会，这么丢人的话我们说不出口。

　　小杜提出了以下几个解决思路。

- 可以默认自动发送客户满意度问卷，但是要增加例外情况，项目经理可以通过特批申请来手动设置发送与否，这样做可以避免继续尴尬。
- 信息系统允许提前立项，项目经理可手动触发项目启动，然后再跟踪监控进度。

● 取消信息系统自动发送客户满意度问卷的功能，恢复到原来由项目经理手动设置，考核时要求客户满意度数据不能缺失。

小杜认为随便采用哪一种思路，这个低级错误都能避免。而且，所有部门都认为，项目还没开始，就让客户给满意度打分，确实很荒唐。可是上述思路不管采用哪一个，都意味着要对制度和流程进行改动。只要改动，就证明原来的制度和流程是错误的，问题是谁应该为这个错误承担责任呢？

质量管理部、销售部、IT 部、项目管理部都认为自己只是做了自己应该做的事情，没有理由为这个错误担责，小杜和这些部门多次沟通，但都没有结果。这种情形既可笑又可气，但可悲的事情仍然发生了，第三年项目还没开始，客户又收到了满意度问卷，小杜又一次莫名其妙地得到了差评。

逆转乾坤

小杜忍无可忍，下了豁出去大不了辞职不干的决心找到了公司总经理，原原本本地把自己的遭遇讲了一遍。总经理的脸一阵白一阵红。事后，总经理召集相关部门负责人开会，宣布这个错误不需要任何部门承担责任，如果说有责任，那也是总经理他自己的责任。总经理要求尽快纠正这个错误。

有了总经理的"特赦"，各部门都松了一口气。最终的解决方案是，将过去不合理的满意度评价数据作废，以后由项目经理在立项时提交工单，由 IT 部手动拦截发给客户的满意度问卷。虽然解决方法并不高级，但这个荒唐了好几年的历史性错误终于得到了纠正。

◇ 有时候明明知道这是一个错误，却无法纠正，问题的核心在于追责的压力，只有突破这个核心，才有破局的可能。

◇ 纠正错误的过程是组织不断完善的过程，只有坚信这个理念，才能克服重重阻力。

◇ 信息化终究是为人服务的，满足人性化需求是基本原则，不能使其成为人的枷锁。

◇ 要始终将用户体验摆在首位，如果用户满意度调查方式不合理，那么调查本身就会造成用户不满意。

17. 虚拟团队

案例背景

　　小 J 已经在北京工作了十年，在一家软件公司从开发工程师做到了项目经理。虽然在同龄人中收入不算低，但一对比北京飞涨的房价，小 J 立刻觉得这点收入实在难以支撑起自己在北京成家立业的梦想。日复一日加班熬夜的工作方式让他身心俱疲，每天披星戴月、两点一线的生活让他感觉这座高楼林立、灯火璀璨的城市不属于他。而且，老家的父母身体不好，三天两头去医院，他也无法照顾，这更让他觉得自己不属于这座城市。终于在一个项目交付延误，被老板痛骂了一顿之后，小 J 反而觉得特别轻松，他很平静地辞了职，决定回老家发展，这也是他酝酿了许久的决定。

出师未捷

　　小 J 的老家是东北一座三线城市，在北京十年的工作经验让小 J 回到老家后成了香饽饽，当地好几家软件公司向他抛出了橄榄枝，还许了开发部总监、项目总监等高级职位。小 J 庆幸自己的选择，这种感觉让他有点飘飘然。可是，事情远没有他想得那么美好，新的工作环境让他难以适应：一方面是团队的能力太拉胯，三线城市实在很难找到水平很高的人才；另一方面是工作节奏慢吞吞，团队整体懒散。而比这些更让他难以适应的是，在北京，获得项目主要靠实力；而在三线城市，获得项目主要靠人际关系，空有一身本事也没有用。

　　小 J 在不到一年的时间里换了五家公司，最长的一家干了四个月。小 J 发现，换工作也是换汤不换药，只要在这座城市，只要还在软件行业，哪家公司都差不多。小 J 开始迷茫了：是杀回北京继续辛苦劳作，还是留在老家度日如年？

逼上梁山

　　小 J 辞职在家思考了两个月，最终决定自己干！趁着年轻，何不创业？

　　小 J 凭借十年软件行业的经历和人脉，很快找到了机会——一位老同事手上的项目忙不过来，可以把其中一部分开发分包给他。小 J 成立了公司，租写字楼，招兵买马，风光无限地当起了老板。但 J 老板很快就遇到了麻烦，房租很高，还有招聘成本、培训成本等，对于他这样的小公司，招不到像样的人才不说，即便能力一般的人，也干得不稳当，没干几天就撂挑子走人了。一个项目干下来，每天有操不完的心、填不完的坑，最后一算账，基本白忙活。更要命的是，项目常常青黄不接，没项目的时候，房租照付，工资照发，每天只出不进，吃苦十年挣来的积蓄眼看见底，原本就不多的头发也快掉光了。

　　创业哪有想象中美好！小 J 一次次被现实无情地打脸，再一次到了至暗时刻。好在十年的项目经历让他有了波澜不惊的心态，毕竟比这更艰难的处境也遭遇过，比这更痛苦的日子也经历过。小 J 相信天无绝人之路，如果这是谷底，那么只要迈开腿，就都是上升的路。

小 J 和他的员工们吃了散伙饭，遣散了团队，成了孤家寡人的小 J 终于一身轻松。

东山再起

小 J 和曾经的几位老同事、好哥们商量，我找项目，你们给我搭把手，不用辞职，利用你们的业余时间参与就行。我也不给你们开工资，项目财务透明，大家根据各自的贡献来分配项目收入。就这样，第一个项目做起来了，按合同顺利交付，给大家分完项目收入，小 J 得了几万元。虽然辛苦，但这份收获实实在在，在小 J 最无助、最失落的时候给了小 J 莫大的鼓舞。接下来，第二个、第三个项目接踵而至。

创业从来不会风平浪静。项目多了，人手就不够了，尤其是团队除了小 J 自己，都是兼职，精力本身就不足，所以当多个项目多线程开发时，危机终于爆发了。有的伙伴因本职工作到了攻坚阶段，天天加班熬夜，根本挤不出时间参与，只能遗憾退出。这让原本就捉襟见肘的人手更是雪上加霜，小 J 不得不想尽办法到处求援，虽然托朋友让队伍看上去壮大了不少，但多数没有合作过，并不知根知底。迎接小 J 的是各种开天窗、掉链子。小 J 对这些新人没有任何约束力，他们常常是太忙就不干了，有难度就不干了，不开心就不干了……小 J 白天和客户谈需求，晚上还要替团队填窟窿，进行产品设计、开发、测试……小 J 被赶鸭子上架，变得无所不能。他像个救火队长，然而刚扑灭这边，那边又冒烟了。就算小 J 心力交瘁，也于事无补。项目进度失控，质量堪忧，客户开始失去耐心，也渐渐失去了对小 J 的信任，好不容易得到的机会就这样眼睁睁地又失去了。

重整旗鼓

痛定思痛，小 J 反思了这次失败的经历，总结出以下几点教训。

- 团队成员不能都是兼职，核心骨干必须全职。
- 资源储备一定要足够，关键时刻要有人能顶上。
- 只有自己从技术中解脱出来，才能让客户获得足够好的体验。
- 项目管理必不可少，放羊式的开发一定人仰马翻。

跌倒了爬起来，重整旗鼓再来。小 J 这次动员了几个在大厂里与年轻人拼不动了的资深技术"大牛"辞职和他一起干，还专门拉来了一位有经验的项目经理专职排计划、分任务、盯进度，他则把主要精力花在了商务上，只有保证客户满意，才能有源源不断的项目。现在小 J 已经不是"一人吃饱，全公司不饿"的个体户。小 J 把公司股份分给了这些愿意辞职和他一起创业的伙伴，终于再一次有了全职的班底，这让他多少有了杀出重围的底气。

当再次找到新项目时，股东们摩拳擦掌准备大显身手，他们多数都是第一次创业，既紧张又兴奋。可好景不长，很快小 J 发现了问题，被他请来的这些"大牛"在各自原来的公司都干到了总监级别，已经好多年没有自己写代码了，现在重操旧业，不但对业务生疏，而且力不从心，熬夜熬不过年轻人，敲代码的速度赶不上年轻人。更关键的是，让这些习惯了发号施令的总监们回去干十几年前自己出道时干的活，令他们十分抓狂，无比痛苦。小 J 的高配版的团队除了经验比别的团队多，剩下的基本都是短板了。这样下去难以为继，小 J 不得不重新思考何去何从。

整装再出发

让这些资深大佬去一行一行敲代码，说实话，这是浪费资源，大材小用，完全没有产生降维打击的效果，反而是把缺点放大，以己之短攻彼所长。小 J 和股东们商量，把项目最基础的设计、开发、测试交给兼职成员，全职股东只负责攻克艰难的任务和作为储备资源在特殊和紧急的情况下救火。这个想法立刻得到了股东们的支持,大家总算找到了自己的位置,感受到了自己的价值,团队整装后再次出发。

一波未平,一波又起,项目刚刚有起色,一大波问题便扑面而来。以兼职为主的草台班子,致命硬伤开始显现。第一个硬伤是因为团队成员来自不同的公司,各自有着不同的习惯、不同的文化,所以在相互协作过程中冲突密集爆发。比如,设计师在自己的公司有明确的设计规范,和开发人员经过长期的磨合,设计到这个深度没有任何问题;但在虚拟团队中,设计师和开发人员从未谋面,更别说磨合了,开发人员有着自己的习惯和标准,很难准确理解设计师的意图,所以误会不断产生,不但造成大量返工,而且严重影响团队士气,破坏团结。第二个硬伤是团队为虚拟团队,大家不在一起办公,甚至都不在同一座城市,只能通过线上沟通。尽管有腾讯会议、微信等沟通工具,但是线上沟通无论是效率还是效果都无法与线下面对面沟通相提并论。大家各有各的本职工作,能够按照约定时间召开线上会议本就不易,而且这种沟通总是隔靴搔痒、自说自话,行动上更是我行我素,团队又一次到了分崩离析的边缘。

锲而不舍

　　创业维艰，每一次绝境都是对创业者最好的历练，只要没死，创业者就会变得更加强大。小 J 再一次和股东们一起复盘，见招拆招，并做出以下决定。

- 为虚拟团队制定明确的规范和严格的标准。
- 尽可能把任务的颗粒度分解到最小，以此减少理解上的偏差。
- 将工序交底标准化，进行双向沟通和闭环确认，从而消除误会。
- 鼓励随时发起"一对一"或"一对多"的线上沟通，有问题第一时间提出并解决，不拖延、不积累。
- 及时并规范地复盘，增进团队成员之间的相互了解、相互学习、相互融合。

　　小 J 的虚拟团队可谓历经磨难，但在他绝不放弃的精神感召下，虚拟团队克服了一个又一个困难，并持续优化、不断完善，逐渐形成了较强的战斗力和独特的竞争力。

拨云见日

两年后，围绕在小 J 周围的虚拟团队成员超过千人，分布在全国各地，活跃度较高的成员有两三百人，其中不乏已经辞去原来工作，但也没有成为小 J 公司员工的人。他们只是以项目为载体，保持松散合作的方式，他们很喜欢这种方式，因为不需要通勤成本，不会浪费通勤时间，不用看老板脸色，不必参加无聊而又冗长的各种会议，不需要处理复杂的人际关系；而能够仅以自己的一技之长，同时参与多个项目，服务多个客户，时间自由，工作专注，他们努力并享受其中。

小 J 凭借虚拟团队没有场租成本、没有通勤成本，成员经验丰富且工作灵活的诸多优势，把客户从几家发展到几十家，其中很多家已成为稳定客户，这些客户甚至解散了自己的 IT 部门，把小 J 的团队作为 IT 外挂，以项目为单元，按需合作。这些客户发现，作为并非以 IT 为主业的公司，养一支 IT 团队成本很高，真遇上大项目，自己的 IT 团队根本无力招架，远不如和小 J 这样的团队长期合作更符合公司的利益。

小 J 披荆斩棘，历经艰辛，终于在作为三线城市的老家，借助互联网的力量，开辟出一条全新的创业之路，也为很多有一技之长的小伙伴开创了全新的就业形式。小 J 自己的体会是，成功绝非偶然，得益于不断地学习、不断地总结、不断地改进。

案例分析与总结

表 17-1 虚拟团队与实体团队的区别

	虚拟团队	实体团队
信任水平	低	高
沟通效果	差	好
工作氛围	差	好
激励与约束	弱	强
办公成本	低	高
人才来源	广泛	受限
灵活性与自由度	高	低

如表 17-1 所示，虚拟团队的优势如下：

◇ 打破了地域对人才的局限；

◇ 降低了差旅、通勤、场地等成本；

◇ 对于兼职人员和零工的使用更加灵活。

虚拟团队的劣势如下：

◇ 沟通效率低，沟通效果差；

◇ 管理难度大，很难统一标准；

◇ 很难建立团队信任，问题容易积累。

给虚拟团队的建议如下。

◇ 制定清晰的规则：明确的团队章程和人才梯队，动态的新陈代谢模式；公开、公平、公正的评价及奖惩制度。

◇ 制定标准的流程：工作流程标准化，工序对接规范化，交接模板和标准统一化。

◇ 设定具体任务：工作分解颗粒度足够细，任务清晰、明确、具体、无歧义。

◇ 选择合适的工具：采用团队成员普遍接受的视频会议、协作系统等信息化工具。

◇ 建立民主机制：鼓励团队成员主动发现问题并及时提出问题，当有分歧时，优先采取民主表决的方式。

◇ 积极互动：团队有高效的沟通机制和快速响应机制，团队成员可以自由预约一对一的讨论或发起线上会议，线上会议有录音录像、会议纪要和明确的决议。

◇ 拥有充足的储备：预留足够的进度储备、成本储备，以及资深技术人才储备（救火队）。

◇ 及时复盘：每周召开团队复盘会议，及时发现问题并持续改进。

18. 项目重启

案例背景

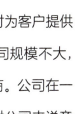

晓东所在的公司是一家知名 ERP 产品的代理商，同时为客户提供二次开发业务，公司利润的主要来源也是二次开发。公司规模不大，但目标不小，希望成为汽车制造行业信息化的主要服务商。公司在一年前获得了一家知名汽车企业 ERP 换代项目的机会，这对公司来说意义重大，如果能够成功实施该项目，那么将对整个汽车行业产生示范效应。因此，该项目被公司确定为战略级项目，公司领导要求各部门全力配合，而且明确表示该项目可以不盈利，目标是只要客户满意！

公司能够获得这个项目，不仅是报价上有诚意，也和"人性化"的合同条件密不可分。为了获得客户的信任，在合同谈判阶段，公司对于客户提出的各种要求都痛快地答应，公司的原则就是"有条件上，没有条件创造条件也要上"。比如，甲方在合同谈判中坚持项目实施期间，甲方因业务发生调整或管理发生变革，乙方应及时对 ERP 系统做出相应的调整，上述调整均属于项目范围之内的工作。作为乙方，公司虽有犹豫，但还是无条件地答应了这个条款。合同谈判最后双方都很满意，甲方对乙方的诚意和配合的态度表示满意，乙方对能够顺利签下这个项目也很知足。

晓东作为公司的业务骨干，顺理成章地成了这个战略级项目的项目经理，公司抽调各部门精英加入项目组，公司一把手亲自督战。晓东和团队一起评估了项目的成本，虽然报价低于竞争对手，但仍然有不少于 30% 的毛利率，加上公司的支持如此给力，因此就算项目遇到各种风险，也不至于赔钱。更何况如果这个项目做成了，那么顺势拿下其他汽车企业就容易多了。

出师不利

之前客户已经使用了十余年的 ERP 系统，功能落后，虽然补丁摞补丁地升级过几次，但仍然无法满足客户现在的业务需求。客户对这次升级换代寄予了厚望，客户总经理亲自主持项目启动会，要求各部门、各分公司认真挖掘需求，全力配合乙方开发，希望新系统至少可以再用十年。

在双方领导的支持下，晓东团队的第一步从调研甲方各部门、各分公司对 ERP 系统升级换代的需求开始，各部门、各单位也确实很主动、很积极地配合，所以调研进展远超预期。可是，晓东很快发现甲方各部门、各单位的配合似乎用力过猛，提了一大堆需求，而且还在源源不断地补充。晓东很快意识到再这样下去，工作量会远远超出当初的评估，公司和甲方签的是总价合同，这样会使项目成本和工期严重失控。这可怎么办？

根据晓东的经验，甲方提的这些需求至少有一半在他看来是没有必要的，就算开发了，客户也几乎用不上这些功能。可在和甲方各部门、各单位沟通时，他们纷纷表示，可以不用，但不能没有！虽然这让人哭笑不得，不过换位思考也完全可以理解，需求提得多了，可以不用这些功能，但是如果把需求提漏了、提少了，这个责任谁担得起？甲方信息中心总经理作为甲方的项目负责人也是这个态度，大有"宁可错杀三千，绝不放过一个"的决心！如此一来，出师不利，项目还没正式开始，就先给了晓东和他的团队一个下马威。

然而，别无选择，必须想办法让客户做减法。晓东带着团队反复梳理甲方需求，拿出一版一版方案和甲方沟通，但效果很差，只要一提砍需求，甲方就想当然地认为乙方就想少干活、多挣钱。晓东不停地从甲方利益角度出发去解释，比如，功能越少，用户界面越友好，系统越稳定，越能尽早上线。可甲方项目负责人即便心里认为晓东说的是对的，但出于自身安全考虑，也不表态同意。谈判一次次陷入僵局。

当老板问晓东项目进展时，晓东无奈地说："项目'死机'了！"老板很沉稳地说道："没啥，死机就重启一次。"此时这个项目还真得重启一次了。

老板带队约了客户的总经理进行沟通，晓东代表项目组客观汇报了项目的情况，老板也向客户的总经理表达了甲方各部门、各单位积极配合、敬业负责的态度。同时，老板欲擒故纵地表示，出于对客户负责和保护本公司声誉的角度，公司宁可选择退出，也不会勉强开始一个范围不明确的项目。客户的总经理确实经验丰富，很快就把握住了问题的关键，主动提出，你们在这个领域经验丰富，你们的建议是什么？

晓东拿出早已提前准备好的方案说道："我们的建议是，所有的需求根据业务的重要性和使用频率由甲方和乙方分别打分，根据两个分数的乘积结果排出 A、B、C、D 四级，A 级为必须有，B 级为应该有，C 级为可以有，D 级为不该有。每一级的需求数量均占总量的 25%，然后对照双方的评估结果，将结果一致的直接确定下来，不一致的经过讨论再确定下来。根据这个优先级制订项目开发计划，之后若再有新的需求或者新的变更，原则上就只能替换原来相对不重要的需求，而不能一直往上加，否则合同签订的交付时间将没有任何意义。"

客户总经理在征求了各部门的意见后，同意了晓东的方案，项目重启成功。

这一次，甲方各部门、各单位在提需求时慎重了很多，因为随意提需求，不但要花工夫评估，而且最终很可能不被采纳。总价合同决定了甲乙双方利益的对立性，中间会有各种分歧、各种博弈，但总体来说，项目算是走上了正轨。晓东心里很清楚，尽管甲方已经做出了很大的妥协，但项目范围还是比最初评估的大很多，原来确定的交付时间需要努力或许可以勉强实现，但利润就基本没有指望了。

节外生枝

项目进入开发阶段后，甲方仍然不断提出需求，有新发现的需求，有原来提得不合理需要修改的需求，总之，需求变更就没有停止过。变更直接导致工作量大增，就算有了项目重启时的约定，但因变更而带来的返工让原本就要承受很大工期压力的团队压力更大了。眼看着马上就要突破合同约定的 12 个月的工期，甲方似乎并不着急，也没有任何催促的意思，想必甲方也知道这些不断冒出来的需求才是工期延误的元凶，也或许甲方能够体谅乙方的难处。就这样，大家都心照不宣，无比默契地接受了工期延误的事实。

眼看着项目和原定工期相比，已经延误了六个月，工作才接近尾声，在此期间双方都没有为延期提醒过对方。晓东这时候听说甲方刚刚空降了一位主管经营战略的副总裁，而且在这位新领导的倡议下，甲方公司找到了一家战略咨询公司，正在计划对公司进行大刀阔斧的变革，包括重塑组织架构和业务流程。这对正在实施中的 ERP 项目无疑是灭顶之灾！任何组织架构的改变和业务流程的调整都会直接影响 ERP 项目的实施，大规模的返工将难以避免。

果然，没过多久，变革的洪流就席卷了甲方公司每个部门，咨询方案的整体原则就是通过扁平化和智慧化实现降本增效，甲方公司的很多部门被合并，不少岗位被裁撤，超过 50% 的业务流程被重新定义。就连负责 ERP 项目的信息中心都被并入新的战略发展中心，并且更名为智慧化事业部。对晓东的团队来说，一年半的工作恐怕大部分都白做了，要想交付这个项目，无异于重做一遍。

晓东的公司认为，甲方公司因其变革所造成的大规模返工的责任应由甲方承担；而甲方公司认为，ERP 项目实施的目的就是配合甲方进行战略落地，ERP 系统要能用、好用才行。晓东的公司的法律顾问坚持表示，合同期为 12 个月，甲方公司的变革发生在合同期外，乙方没有义务配合甲方进行变革。甲方公司强调项目尚未交付验收，还在实施期间，甲方还没追究乙方项目延误的责任呢，法务部门还拿出合同，白纸黑字写着"项目实施期间，甲方因业务发生调整或管理发生变革，乙方应及时对 ERP 项目做出相应调整，上述调整均属于项目范围之内的工作"。双方为此陷入了无休止的唇枪舌剑之中。

再这样下去，不但项目会失败，而且连客户也得罪了，真是赔了夫人又折兵。晓东一脸沮丧地找到老板，主动说："早知今日，当初打死也不接受甲方没完没了的需求变更，拼死也得在合同期内交付验收，现在就啥事都没有了。可是为了迁就甲方，我们一次次委曲求全，可夜长梦多，项目又死机了！怎么办？"老板想了想说："还能咋办？死机了就重启呗！"

柳暗花明

双方领导又一次坐在谈判桌前，晓东代表公司汇报了项目的成果，只是这一次死得太彻底了，连重启的方案都提不出来了。甲方新来的副总裁也出席了会议，晓东原本就对这位新副总没有半点好印象，要是没有他的瞎折腾，自己和团队还不至于沦落到现在这么悲惨的境地。这时，新来的副总打破了沉默，首先感谢晓东和他的团队所做的工作，表示非常认可他们的技术能力和服务意识，也很看好公司的信誉和口碑。鉴于目前的局面，他的建议是，把还没交付的 ERP 项目开发协议升级为《智慧化项目战略合作协议》，该协议只规定合作原则和合作框架，具体的合作内容用定期签署的阶段性实施协议来约定。他给出的理由是，公司变革不是短期行为，第一轮管理优化升级需要 2~3 年的时间，要一边实施，一边消化，一边调整。因此，对于信息化需求，客观上做不到一开始就能确定，必然要经历一个不断迭代的过程。而且公司的管理变革也不是一次性的，未来，变革会成为常态，从信息化到智慧化的进程一定是伴随公司业务的不断发展和变革的。

最终，双方顺利签署了《智慧化项目战略合作协议》，明确了晓东的公司将作为甲方的战略合作伙伴，长期服务于甲方的智慧化战略；同时规定了每季度双方共同识别新需求和评估新任务，每季度签署一份阶段性实施协议。让晓东万万没有想到的是，原来心里最大的"魔鬼"——这位甲方新副总居然在关键时刻化身为"天使"，不但拯救了项目，挽救了合作，而且还把一个走到死胡同的协议升级成了长期合作的战略协议。

案例分析与总结

◇ 在项目运行中我们常常会遇到前所未有的困难。在面对困难时，我们要积极乐观，主动寻找解决方案，不要轻言放弃，只有有信心才能看到曙光。

◇ 只要从客户价值角度出发，真诚为客户着想，就算遇到困难，也能得到客户的理解和支持，项目也才可能转危为安。

◇ 项目运行中会遇到"魔鬼"，也会遇到"天使"。"天使"不一定总能护你周全，"魔鬼"也不总会要你性命。只要找到双方诉求中共同的目标，"魔鬼"也可能化身为"天使"。

◇ 说一千道一万，最终能够让我们逢凶化吉的一定是过硬的业务能力和真诚的服务意识，也就是为客户交付价值的能力。

19. 创新之殇

案例背景

　　某省会城市的大型国有钢铁集团下属中外合资公司（中方控股）的主营业务是炼铁废渣处理，即利用钢铁集团炼铁废渣生产绿色低碳水泥（矿渣粉）。矿渣粉又称粒化高炉矿渣粉（GGBS），其颗粒表面光滑致密，主要成分是氧化钙（CaO）、氧化镁（MgO）、二氧化硅（SiO_2）、氧化铝（Al_2O_3）和氧化铁（Fe_2O_3），共占矿渣粉总量的 95% 以上，且具有较高的潜在活性，在激发剂的作用下，可与水化合生成具有水硬性的胶凝材料。矿渣粉对水和外加剂的吸附较少，有一定的物理减水作用，一般可使混凝土减少用水量 5% 左右，可替代 15% ~ 30% 的水泥。使用掺了矿渣粉的水泥拌制混凝土，能增大混凝土的扩展度，降低坍落度损失，显著改善混凝土的流动性能，同时能降低水化热，减少碳排放，防止大体积混凝土因内部升温而产生裂缝。掺了矿渣粉的混凝土具有良好的抗硫酸盐侵蚀性、抗海水侵蚀性，并且其耐久性、耐磨性和经济性也得到了提升。

掺了矿渣粉的混凝土被广泛应用于超高强、高性能混凝土及预制建筑构件等行业，也被应用于受海水侵蚀的海洋工程，码头、水库及隧道工程，还被应用于高速公路、机场跑道、重载车辆道路工程等重要领域。

公司矿渣粉年产能 300 万吨，而市场销售只有 200 万吨，主要客户来自水泥厂及商业混凝土搅拌站等建材领域，分别占比为 66% 和 26%。为了充分利用其产能，公司希望用现有的矿渣粉产品开拓建材领域之外的市场，以此来消化产能过剩的问题。

寻求突破

为了拓展非建材领域的市场，公司积极寻找新产品应用的突破口。在得知国内某 211 高校实验室正在与一家本地污水处理厂有科研合作后，公司项目团队主动联系了该所高校的科研团队，经过探讨，提出了一个研发方向：如果可以在矿渣粉中检测到针对有机污水处理的催化物质，那么矿渣粉就有望代替现有的催化剂，公司可以将其销售给污水处理厂使用。

常规的有机污水处理办法是，在高浓度的有机污水中加入过氧化氢（H_2O_2）和催化剂硫酸亚铁（$FeSO_4$）或氯化亚铁（$FeCL_2$），使用环境在 pH 值为 3 左右，此法名为"芬顿"。经过反复试验后，团队发现可以将矿渣粉中少量的游离铁及铜离子作为过氧化氢的催化剂。同时，矿渣粉对水的 pH 值有一定的调节作用，能够帮助维持碱性环境。公司期望矿渣粉催化剂可以提高污水处理速度，再加上由于这种催化剂是炼铁固废处理后的矿渣粉，成本比常规催化剂低，可以降低污水处理成本，所以将极具竞争力。为此公司决定新产品研发项目正式启动。

首先，公司成立产品研发中心，并招聘某 211 大学无机非金属专业两名研究生牵头产品研发（两人薪资约每年 40 万元）。其次，公司购买相关的实验设备，设备价值 50 万余元。最后，与这所 211 大学实验室达成合作，并投入研发费用 10 万余元。项目投入累计超过 100 万元，项目历时 14 个月。

弄巧成拙

研究结果是，新产品确实可以替代部分常规催化剂，而且可以提升污水处理速度，不过提升的幅度非常有限，基本可以忽略不计。关

159

键是矿渣粉作为过氧化氢的催化剂使用，实际消耗量非常少，处理每万吨的有机废水所使用的矿渣粉仅 5 千克，接近于不消耗。团队进行项目经济性分析后得出的结论是，当地污水处理厂年需矿渣粉 5 吨，每年能为公司创造经济效益 1000 元，项目投资回收期大于 1000 年。新产品研发项目可以说以失败而告终！

案例分析与总结

◇ 对于新产品立项，应当做足功课，严谨、认真地进行可行性分析，包括市场需求、技术可行性和经济合理性。

◇ 在产品研发项目失败的案例中，有相当大的比例是因为以技术来驱动开发。只要有技术，就一心想着将其转化成产品，而忽略了市场需求是否真实存在，市场空间是否足够大。采用技术驱动开发的模式，开发出来的产品往往脱离实际，很难取得市场上的成功。相反，采用需求驱动开发模式，先确认需求，再小步快跑地边开发边验证需求，成功的概率会大得多。

20. 惹不起的"钉子户"

案例背景

　　H 地产公司签下一个城中村改造项目，并与政府合作进行 B 村区域的开发、整村拆迁等工作，把 B 村打造成集居住、商业、教育、养老为一体的高品质居住新城。自 2019 年起，H 地产公司已摘得 B 村多宗地块，打造出了明星社区口碑项目，且项目涉及的拆迁、规划、建设、销售、运营等工作均进展顺利。2020 年 5 月，H 地产公司乘势再拟拿 B 村新的一宗地，拟建业态包含住宅、商业、幼儿园等。拿地期间，经 H 地产公司调研，该地块的拆迁工作已基本完成，仅剩一座教堂需要公司在开发时自行拆除。同时据了解，该教堂为村民违规自建建筑，本身不受法律保护。H 地产公司认为，除了拆除教堂需要少量费用，并不会涉及其他成本费用。

不寻常的"钉子户"

不料，项目开工不到一周，就被匆匆叫停，原因是 H 地产公司在对其并未重视的那座教堂的拆除上遇到了阻碍。原本预估拆除教堂仅需两天时间就能完成，但因为当地村民们的阻挠而根本无法动工。"我们是不可能让你们推倒教堂的！""你们在破坏文物，你们是'强盗'！"……村民们的态度非常强硬，舆论更是从 B 村开始无限发酵，社会上各种批评和质疑的声音铺天盖地而来，拆迁工作根本无法展开。僵持了近一个月，这座因为村子拆迁而变成孤岛的教堂仍然倔强地矗立在一片空旷的荒地之上。

让项目团队无比苦恼的是，这座教堂是一个非比寻常的"钉子户"。

B 村的宗教活动已有近 200 年的历史。全村现有 2000 余人，教民近 500 人，约占全村人口的四分之一。这座教堂是这座城市规模最大的哥特式天主教堂，坐北朝南，长约 50 米，宽约 20 米，钟楼高约 40 米，平面是十字形。这座教堂最早是什么时候建成的已经无从考证，之前规模很小，也很破旧。1990 年，教会获得当地政府批准重建该教堂，施工队伍全部由身为天主教教徒的农村工匠无偿自愿组成，于 2012 年完工。信教的村民们经常会来这里进行宗教活动。

虽然这座教堂算不上是历史文物，却一直承接着频繁的宗教文化活动，也承载了村民教友们的感情和集体记忆。

H 地产公司的项目团队不断收集资料，根据《宗教事务条例》（中华人民共和国国务院令第 686 号）第二十一条、第二十二条、第三十三条、第五十条、第五十一条规定，宗教活动场所经批准筹备并建设完工后，应当向所在地的县级人民政府宗教事务部门申请登记，并应当依法向县级以上地方人民政府不动产登记机构申请不动产登记，领取不动产权证书。这样才能够算作合法，受到法律保护。尽管当年重建该教堂时，教会确实有向政府备案，但当年的申报材料并不完整且教堂建设 30 年来并未向不动产登记机构申请不动产登记，所以从理论上而言，这是一个违规自建的"无证"建筑。

一面是有理有据的法律条款，一面是村民的坚决反对；一边是企业的经济效益最大化，一边是促进和谐稳定的社会责任。何去何从？公司进退维谷。

于是有人提出，能不能修改原有的设计方案，保持教堂原地不动？经过分析发现，这样操作不仅影响正在施工的地库，代价巨大，而且修改设计申报审批备案在疫情大环境下时间周期太长，会严重打乱项目进度安排。此外，紧邻教堂的两栋新建住宅楼的销售也将受到严重影响。

"两全其美"的方法

"进度已经滞后快一个月，不能再这样等下去了。"项目经理决定："那就先做我们能做、能控制的事！"团队想到的第一步，就是改变开发策略，重新进行开发时序的编排，将不受教堂影响的楼栋设为A1期，先行开发，进行单独的销售、验收和交付，保证按原计划达到预售节点，做到按期开盘，保证供货和汇款；把受教堂影响的楼栋设为A2期，积极协商解决方案。这样做不仅为解决教堂拆除问题争取了更多的时间，也在一定程度上保证了项目现金流的安全。

教堂的问题始终无法回避，必须直面解决。但是，村民们现在情绪激动，公司之前屡屡派代表尝试去到教堂或村民的家里与其沟通时，村民们的抵触情绪都很严重，甚至还没来得及谈赔偿事项，就被轰出门外。

沟通，需要找到关键干系人。团队在不断碰壁之后想到的是，是否可以找神父，与他沟通试试看。神父作为这个宗教场所的带头人，在村民、教民们中是最有话语权的。所以，团队先去跟神父协商，告诉神父这个城中村改造工程能够给村民们带来哪些生活品质的提升，可以带来多大的社会价值。

与此同时，H地产公司项目管理团队积极收集以往类似案例和政策法规资料。根据《宗教事务条例》（中华人民共和国国务院令第686号）第五十五条规定，"为了公共利益需要，征收宗教团体、宗教院校或者宗教活动场所房屋的，应当按照国家房屋征收的有关规定执行。宗教团体、宗教院校或者宗教活动场所可以选择货币补偿，也可以选择房屋产权调换或者重建"。根据《关于城市建设中拆迁教堂、寺庙等房屋问题处理意见的通知》（国宗发〔1993〕21号）第三条规定："对教堂、寺庙等房屋，除因城市整体规划或成片开发必须拆迁外，一般应尽量避免拆迁。必须拆迁时，在安置工作中要考虑到便利信教群众过宗教生活的需要。"

同时，管理团队发现，几年前也有过一间地处二线城市郊区的废弃办公房屋被教民自主重新装修为教堂的拆迁案例。该教堂的产权在教会负责人名下，并未作为教堂在相关部门登记备案。最终，当教堂被拆迁时，也仅认定该教堂为个人的私有财产，所以仅按照个人房屋产权进行了赔偿。

尽管于法于理，种种证据都指明，无证的违章自建教堂可以直接被拆除且无需进行任何赔偿，但出于对村民的信仰和情感的尊重，项目团队感到必须承担起社会责任。项目团队主动提出，在原教堂一公里范围内，为村民们重建一座新教堂，费用全部由 H 地产公司承担。神父的态度终于有了松动，但仍然坚持原教堂拆除之前，新教堂必须建好。团队接受了这个条件。神父向村民们解释说明了最终的方案，拆迁事项遂逐步走上了正轨。

节外生枝

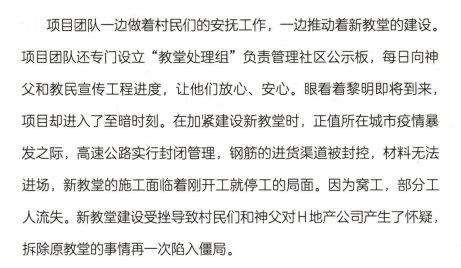

项目团队一边做着村民们的安抚工作，一边推动着新教堂的建设。项目团队还专门设立"教堂处理组"负责管理社区公示板，每日向神父和教民宣传工程进度，让他们放心、安心。眼看着黎明即将到来，项目却进入了至暗时刻。在加紧建设新教堂时，正值所在城市疫情暴发之际，高速公路实行封闭管理，钢筋的进货渠道被封控，材料无法进场，新教堂的施工面临着刚开工就停工的局面。因为窝工，部分工人流失。新教堂建设受挫导致村民们和神父对 H 地产公司产生了怀疑，拆除原教堂的事情再一次陷入僵局。

还好项目经理经验丰富，也好在 H 地产公司在该城市还有其他项目在建设中。项目经理向其他项目的项目经理求助，希望江湖救急。

正好有一个项目有钢筋存货，而且因为疫情该项目暂时停工。项目经理终于临时借到了钢筋，新教堂的建设恢复了。

新教堂的建设进展顺利，H 地产公司的诚意和努力也都被神父和村民们看在眼里。最终，神父和村民们同意在新教堂建设完成前，提前拆除教堂。这为 A2 期的开工创造了条件，大大缩短了项目整体工期，保证了项目的经济效益。

案例分析与总结

◇ 教堂拆迁涉及项目目标、民生、法律、宗教等各种因素，项目团队要做好经济效益与社会责任的平衡，项目要合法合规，也要合情合理。

◇ 沟通中必须找到有话语权、有影响力的关键干系人，如此才有可能取得突破。

◇ 涉及干系人的利益和关切时，要换位思考。真正能够改变干系人态度的不只是方案的合理性，还有团队的诚意和努力。

21. 抛锚

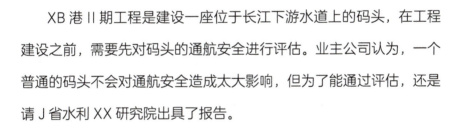

案例背景

　　XB 港 II 期工程是建设一座位于长江下游水道上的码头，在工程建设之前，需要先对码头的通航安全进行评估。业主公司认为，一个普通的码头不会对通航安全造成太大影响，但为了能通过评估，还是请 J 省水利 XX 研究院出具了报告。

　　没想到，在第一次召开的专家评审会上，码头建设项目就受到了专家组的严厉批评。专家组直言不讳地指出，你们这个报告是昧着良心出的，这地方适合建这个码头吗？报告有违背职业道德的嫌疑。专家组指出了报告的两个核心问题：第一，报告没有充分考虑码头停靠船舶对长江下游主航道通航的影响；第二，码头附近的管道情况十分复杂，上游有过江石化管道，周边水域有军用光缆等设施，报告没有充分论证停船抛锚对这些管道和线缆是否有影响。

专家组最终给出意见，报告需要继续完善，要慎重考虑是否批复这个码头的建设。

知错就改

被专家组当头棒喝后，公司意识到了问题的严重性，如果拿不出充分的证据说服专家组，这个项目恐怕就真的要"抛锚"了。

于是公司马上成立项目通航安全攻坚组，立即全面准备对通航安全的评估。首先，攻坚组团队认为，最大的问题在于船舶抛锚可能会造成对管道的破坏，于是咨询了上海海事大学的专家，重新对该问题进行研究。同时，团队从中国石化集团 J 省分公司获得了天然气管道长度、深度、走线等相关资料，进行数据分析，确认码头可停泊的船舶抛锚入底深度不可能超过 6.6 米，走锚深度不可能超过 3.1 米，而过江石化管线江底最浅深度为 13.5 米。因此，从理论上来说，船舶抛锚时不会碰到管道。接下来，团队又请专家进行了极端条件下的破坏性试验，得出结论：只要将设计适当优化，那么即使在最糟糕的抛锚的情况下也不会破坏管道。

团队第二次提交了评估报告，这次专家评审意见为，船舶抛锚对过江石化管道的影响的评估，原则上可以通过；但是船舶停靠对周边其他设施的影响的评估，仍然缺乏证据，比如，船舶抛锚对军用光缆是否有影响。因此，专家提出，希望团队进一步论证，以确保码头建设对周边设施不会产生负面影响。

虽然团队能够获取过江石化管道的数据并论证码头通航的安全性；但码头附近军用光缆的数据是查不到的，团队也找过相关部队，但部队因为需要保密，所以无法提供图纸和数据。这可怎么办？项目陷入了僵局。

绝处逢生

攻坚组发现评审会专家组组长是引水员出身，这个信息给大家带来了新的希望。

当船舶进港出港时，为了体现一个国家的主权与尊严，现在世界上绝大多数国家都施行强制引水，也就是派一名熟悉港口水域特征且有丰富经验的引水员登船，协助船长进出港靠离泊码头。

于是团队请教专家组组长，遇到类似的问题还有什么办法。专家组组长建议，可以去长江引航中心南京引航站，咨询引航站中引水员的意见，引水员对船舶靠离泊长江码头的经验丰富，或许会得到有价值的思路。引航站的引水员提出，船舶停靠码头时，不一定要抛锚。周边港口的货运资源十分丰富，可以充分利用这些资源，在卸货时联系拖轮公司，配备缆绳和系缆桩，货轮可以不必抛锚，而通过系缆绳进行靠泊，这样不仅避开了江底的管道和光缆，同时也可以让开主航道。团队调研了相关资源，拿出了不抛锚也可以停靠的方案。海事机构聘请了专家召开安全咨询会，最终得出结论：在风力小于 6 级，配备合适的拖轮协助并落实有关安全措施的情况下，船舶不抛锚靠泊码头的方案基本可行。

项目虽然一波三折，但终于通过了通航安全性评估，并顺利实施。

◇ 团队应该充分重视项目对各种环境因素和各种干系人的影响，任何侥幸和忽视都有可能给项目带来灭顶之灾。

◇ 相信专家的力量，遇到困难时积极请教专家，突破的机会往往就藏在专家多年积累的经验之中。

◇ 不要轻言放弃，只要思想不滑坡，办法总比困难多，只有努力坚持，才能柳暗花明。

22. 从巨赚到巨亏的项目

案例背景

　　21 世纪初，中国正处于快速城市化的浪潮之中，钢材需求量猛增，铁矿石价格持续攀升。2006 年，本项目的业主 X 公司，看上了澳大利亚两家拥有 10 亿吨磁铁矿开采权的公司。收购价格为 4.15 亿美元，而且收购合同中还有附加协议，若上述开采权被证实有足够的磁铁矿资源，X 公司还可以收购另外 40 亿吨磁铁矿开采权。如果全部（60 亿吨磁铁矿）资源得到开采，那么项目年产能可达到 7200 万吨。澳大利亚铁矿位于澳大利亚西部的普雷斯顿海角，沿线有配套港口，交通运输便利。X 公司经过评估，项目计划总投资 42 亿美元，前期收购只需 4.15 亿美元，预计于 2009 年投产，届时磁铁矿能达到每吨 100 美元；预计第一年可开采 2760 万吨磁铁矿，第一年收入将达到 27.6 亿美元！按照这个评估结果，这个项目简直是赚翻了，没有理由不投。X 公司没有犹豫，很快与澳方合作公司签订了合同。

项目进展

2006 年 4 月，X 公司收购了两个西澳矿场，计划 2009 年投产。但项目开工后，问题不断，多次陷入停顿状态，直到 2013 年年底，第一船铁精矿才装船出口，进度比原计划整整晚了四年，成本超支 80 多亿美元。不过，这只是噩梦的开始，投产不到两年时间，西澳铁矿项目发生纠纷，澳方公司抓住合同漏洞，起诉 X 公司，索赔 71 亿美元。2017 年 11 月，西澳最高法院做出判决，X 公司需向澳方公司赔偿 2 亿澳元，且未来 30 年 X 公司每年都要向澳方公司支付 2 亿澳元特许使用费。其实，X 公司已经支付了特许使用费，但合同条款不严谨，存在模棱两可的表述，被澳方公司抓住漏洞，认为 X 公司只支付了特许使用费的一部分，而另一部分仍需支付。该项目原计划投资 42 亿美元，而实际投资超过 120 亿美元，超支约 80 亿美元，其中包括未来 30 年向澳方支付 60 亿澳元的特许使用费。

项目复盘

西澳铁矿项目怎么从一个巨赚的项目变成一个巨亏的项目？

第一个原因是工期严重拖延，原计划三年内投产，可实际上七年才实现投产，工期延误了四年。

问题 1：工期延误，为什么不加班干？

答案：澳大利亚劳动法禁止加班，澳大利亚法律规定雇主不能随意要求工人加班，而且实行"9+5"模式，即工作 9 天，休息 5 天。

问题 2：既然不能加班，为什么不多派一些员工？

答案：赴澳劳工签证严重受限，要想获得劳工签证，必须通过全英文的资格认证。X 公司为驻澳项目团队找的中国厨师，甚至也因为签证原因而无法赴澳。项目后期大概有 4000 多人，却只有 200 个中国人获得了劳工签证。

问题 3：为什么不多招收当地员工或派懂英语的印度工人干？

答案：当地人力资源成本太高。澳大利亚规定，项目招聘的工人不管是哪国人，必须同工同酬。西澳矿工年薪普遍为十几万澳元，约为当地大学教授的平均收入，是澳大利亚人均收入的 2 倍。普通的挖掘机司机，年薪可达 16 万澳元（约合人民币 78 万元）；扫地的工人，年薪也有 8 万澳元（约合人民币 39 万元）。

第二个原因是项目成本严重超支。

问题：项目成本为什么会超支那么多？钱都花到哪里了？

答案：项目成本严重超支，主要包含三个部分：一是临时设施的成本增加，二是工期延误导致的成本增加，三是环境保护工程费用增加。

西澳铁矿施工高峰时用了 4000 多名工人，人力成本高昂。原本根据国内经验，几个工人同住一间宿舍，预算为 3000 万美元；但是澳大利亚规定，工人的住宿标准是每个工人都必须住单间，每个房间还必须配有空调、电视、冰箱、独立卫浴，还要在工人居住区配有健身房、游泳池、体育场等，这些给工人们修建的临时设施，就足足花了近 3 亿美元（约合人民币 21 亿元）。

项目各种受挫，导致屡次停顿，窝工造成大量的人工成本支出。

澳大利亚对环保的要求极高。一座二孔桥在国内的造价约为 500 万元，但在澳大利亚，根据生态保护的法规，要求全程采用钢管桩，最终造价为 5000 多万澳元（约合人民币 2.5 亿元），成本剧增。澳大利亚对当地的环境保护、土著遗迹保护极为严格：西澳铁矿的公路要通过当地一片螃蟹保护地，按照规定必须架桥，为此又多投入了

6000 多万澳元（约合人民币 3 亿元）；对于矿区内每一处土著遗迹，都要和当地土著人协商搬迁。

以上这些成本累积起来导致预算严重超支。

案例分析与总结

◇ X公司缺乏矿山开发经验，尤其是在澳大利亚开发矿山的经验。

◇ X公司在项目前期调研不充分，预判不准确，风险识别不到位。

◇ X公司在合同管理方面不专业，合同条款不严谨、漏洞百出。对方抓住漏洞，使X公司陷入被动局面。

◇ X公司应提前组建专业的项目管理团队或引入专业的项目管理公司，进行全过程项目管理咨询。

◇ X公司应在投资、风险、矿山等专业领域聘请资深专家作为顾问，帮助公司规避重大风险。

◇ X公司应严格按照里程碑计划，规范执行阶段性复盘，并及时调整目标和计划。

23. 利润都去哪儿了

案例背景

Z 国是非洲中部的一个内陆国家，是世界最不发达的国家之一，联合国人类发展指数全球倒数前三名。进入 21 世纪以来，中国石油集团（以下简称中石油）和 Z 国政府签署合作开发石油协议，包括开发油田、建设炼厂以及连接管道三个方面的合作。

在项目前期工作中，项目团队对比了与非洲其他国家合作过的项目，初步判断该项目成本可控，利润可观。

利润黑洞

　　项目团队在深入测算成本过程中，步步惊心。财务测算报告显示，该项目利润几乎为零，这还是在一切都顺利的理想情况下。并且，该国的政治环境、社会环境甚至自然环境都比较糟糕，风险点众多，这就意味着该项目预期非但没有利润，而且大概率面临着亏损。

　　那么最早预期的利润都去哪儿了？

　　原来 Z 国是一个高税赋国家，不但各种名目的税种超过 50 个，而且各个税种的税率水平普遍高居全球前列。该国的税收政策也非常不规范，可以说该国的税收环境极差。

　　比如，Z 国的税法不承认境外成本计入当地账，这就意味着项目大量真实发生的成本，只要不能在当地开具发票，就不能计入项目成本。这直接导致项目利润虚高。在 Z 国，企业要缴纳高达 40% 的企业所得税，即使再健康的项目，也架不住这样缴税。

向死而生

　　这个项目是中石油在 Z 国的第一个项目，第一枪就哑火势必会给未来的合作带来障碍，同时也会影响中非合作的大战略。所以团队必须想出办法，让这个项目起死回生。

　　公司决定将该项目的税务筹划作为一个子项目来管理，为此成立了由 7 人组成的跨职能部门的税务筹划项目组，如图 23-1 所示，由财务总监担任组长，并从合同部、采办部等相关职能部门抽调骨干。这个子项目得到了公司领导的直接支持，确保了税务筹划项目在工作中的优先级。

图 23-1　税务筹划项目组

　　税务筹划项目组对项目计划一遍一遍地进行梳理排查，努力寻找突破口。各部门齐心协力，各专业单位并肩作战，终于，项目有了复活的契机。

（一）转换运输合同主体

该工程需要从中国运输大量的材料和设备，Z 国与中国距离遥远，所有的材料和设备都需要先从中国海运至喀麦隆杜阿拉港，再通过陆运从杜阿拉港运到 Z 国的项目现场，平均运输时长为 90 天。由于这是首次进入 Z 国的合作项目，为了规避运输风险，公司将海陆联运外包给专业性更强的中远物流公司，但是这笔巨额的运输费用根据 Z 国税法不能计入当地成本。

税务筹划项目组发现，中远物流公司在签订海陆联运合同后，实际上将陆运和清关业务分包给了 Z 国当地的 S 公司负责，如图 23-2 所示。而且，中远物流公司并未在当地设立公司，所以不需要当地公司的成本和对应的发票。

但这部分发生在当地的陆运和清关业务的发票是中石油 Z 国管道分公司非常需要的，项目组认为可以通过优化合同关系将陆运和清关费纳入其当地账，也就是必须让 Z 国 S 公司直接给中石油 Z 国管道分公司开具发票，但必须由中石油 Z 国管道分公司跳过中远物流公司直接支付给 S 公司。

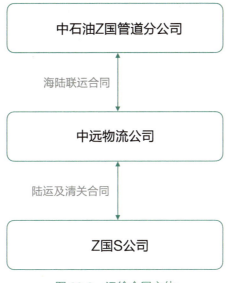

图 23-2　运输合同主体

中石油 Z 国管道分公司与中远物流公司展开谈判，希望通过签订补充协议来改变支付路径，但被中远物流公司以合同已签订为由拒绝。为什么中远物流公司会拒绝？其实，他们一是担心其报价中陆运和清关部分的利润被中石油 Z 国管道分公司知晓，存在无法收回的风险；二是担心失去中石油 Z 国管道分公司后续工程中的陆运业务，届时中石油 Z 国管道分公司会直接和当地公司合作。

中石油 Z 国管道分公司告知中远物流公司，签订补充协议不会影响合同金额，可以保障中远物流公司陆运和清关业务的全部利润，从而打消了中远物流公司的主要顾虑，谈判出现了转机。同时，中石油 Z 国管道分公司也开诚布公地告知中远物流公司，随着中石油 Z 国管道分公司对 Z 国业务的熟悉度不断加深，未来必然会将陆运和清关业务直接交给当地公司，不过对于在合理报价范围内的海运业务，会优先考虑与中远物流公司保持合作。

中远物流公司在吃了定心丸之后，与中石油 Z 国管道分公司及 Z 国 S 公司顺利签署了三方协议，协议规定在中远物流公司的监督下，由 S 公司直接将陆运和清关业务的发票开具给中石油 Z 国管道分公司，中石油 Z 国管道分公司按中远物流公司和 S 公司签订的合同直接支付该部分款项给 S 公司，如图 23-3 所示。

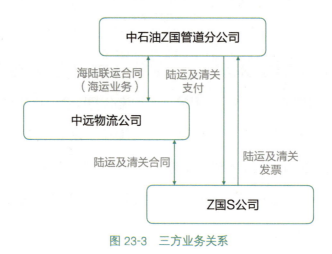

图 23-3　三方业务关系

通过转换运输合同主体，中石油 Z 国管道分公司将陆运和清关费计入当地账，在没有增加任何成本的前提下共节约税金约 180 万美元。

（二）预扣所得税

预扣所得税是指纳税人在纳税业务发生地因未设置机构或其他原因，由付款方作为代扣代缴义务人，预先从纳税人的收入中扣除后向税务机关解缴的税金。在国际工程项目中，企业可以通过预扣所得税的方式将所在国以外的成本计入当地账，以弥补成本的不足。

通过调研，中石油 Z 国管道分公司预扣所得税的适用税率为25%，这已经比 40% 的企业所得税率低了不少，但是还能再挖掘出空间吗？

Z 国税法有一条规定，对于在 Z 国境内少于 183 天的供应商或分包商，预扣所得税率为 25%；但对于石油企业，可减半征收。当看到这一条款时，税务筹划项目组顿时沸腾了，如果可以享受 12.5% 的超低税率，就如同杠杆一样能够撬动 40% 的企业所得税，可以将大量的在 Z 国之外的设计、采办、咨询，以及在 Z 国少于 183 天的试运行、技术服务、培训等费用纳入当地成本。

但是，中石油 Z 国管道分公司是否适用 12.5% 的税率呢？公司向在 Z 国有多年咨询经验的普华永道、安永等会计师事务所进行咨询，但得到的结果却不一致。问题的焦点在于，中石油 Z 国管道分公司虽然隶属于中石油，但是自身的主营业务却是工程建设。公司向业主（Z国石油集团公司）求教，但对方也没法给出答案，因为他们众多的乙方公司也从未享受过 12.5% 的税率。

绝处逢生

事情陷入僵局，希望的火种眼看就要熄灭了。

团队没有放弃这个希望，大家认为破解这个僵局的关键干系人是 Z 国税务局，只要税务局认可，中石油 Z 国管道分公司就可以使用 12.5% 的税率并在税务审计中过关。团队立刻开始分头行动，一部分人准备证明中石油 Z 国管道分公司为石油企业的资料；另一部分人通过各种渠道向 Z 国税务局的内部人士请教，内部人士建议公司直接给 Z 国税务局局长写信，引用条款并阐明理由，税务局局长收到信后会按照流程批到税法研究部门征求意见，届时可进一步做税法研究部门的工作，这可能是寻求突破的最佳路径。

公司立即起草给税务局局长的信，经过多次咨询、修改，提交后又经历了一个月焦急的等待。局长终于回信了，信中肯定了中石油 Z 国管道分公司适用 12.5% 的税率政策。中石油 Z 国管道分公司根据这个税率，大幅度优化了纳税方案，最终取得了理想的项目利润。而且，这个突破也为之后十多年在 Z 国的所有项目的税务优化奠定了坚实的基础。

案例分析与总结

◇ 项目的成败可能受到很多因素的影响，必须在项目前期对项目环境因素进行充分的调研分析，只有这样才能让项目化险为夷，甚至把危险转化成机会。

◇ 项目团队需要拓展自己的知识面，危险往往就在自己的认知盲区里。虚心请教有经验的各方专家是减少认知盲区的重要手段。

◇ 识别项目关键干系人，关键干系人往往在关键时刻能够起到"挽狂澜于既倒，扶大厦之将倾"的关键作用。

24. 馅饼与陷阱

案例背景

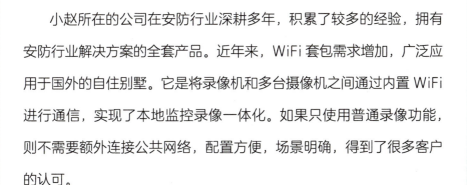

小赵所在的公司在安防行业深耕多年，积累了较多的经验，拥有安防行业解决方案的全套产品。近年来，WiFi 套包需求增加，广泛应用于国外的自住别墅。它是将录像机和多台摄像机之间通过内置 WiFi 进行通信，实现了本地监控录像一体化。如果只使用普通录像功能，则不需要额外连接公共网络，配置方便，场景明确，得到了很多客户的认可。

公司看到了 WiFi 套包的机会，在对市场做了分析后发现，市面上已有的 WiFi 套包产品销售得都很好，而且销量都在快速增长，这说明市场需求旺盛。公司在分析了市面上的 WiFi 产品的价格和功能后发现，因为 WiFi 套包属于新产品，所以利润空间较大。根据市场情况，公司决定启动"WiFi-Kit"项目，目标客户为几家国外的安防设备销售公司，通过帮助他们代工生产各自的品牌以切入市场。产品可以实现8路（或更多路）实时监控、本地存储录像、支持自动配对。该项目计划开发周期为6个月，小赵被任命为"WiFi-Kit"项目的项目经理，负责与软硬件相关的开发工作。参与项目的团队包括软件资深架构师、软件及硬件开发人员、测试人员等共8人。

该项目作为公司第一款"WiFi-Kit"套包产品，具有重要的示范效应，公司对该产品的质量要求非常高，项目的成败直接决定了公司能否进入这一市场。业界虽有对标的竞品，但很多具体的细节公司并不清楚，需要摸索前行。该项目具有质量要求高、需求不明确、进度紧的特点。

深陷泥潭

在项目立项之前，其实老板已经决定外购WiFi模块，原因是公司在WiFi传输这个领域没有相应的技术储备，如果从零开始开发，那么周期长、风险高。而且老板已经敲定了唯一的供应商，这家供应商来自台湾，和公司之前在其他项目上合作过，因为供货价格实惠，所以给老板留下了良好的印象。该公司也是初次转型开发WiFi模块，提出携手开发，以充分满足定制化需求，这正中老板下怀。当然，打动老板的还有价格，这家供应商给出的价格只有头部品牌的三分之一，这性价比实在很高，让人难以拒绝。

团队很快定义了项目范围和产品性能指标，例如，可以实现 8 路（或更多路）实时监控、本地存储录像、自动优选 WiFi 信道、空旷传输距离 300 米、支持自动配对等。

收到供应商最初版的 WiFi 模块后，团队在测试过程中发现效果非常差，WiFi 传输不稳定，带宽窄等问题暴露出来。由于团队自己开发的软件部分还处于调试阶段，所以不能直接判断都是硬件的问题。团队为了排查这些问题花了大量的时间，一方面有针对性地优化软件，另一方面努力找出硬件问题产生的证据。

随着工作的深入，软件问题被一个个排除，剩下的问题都是和硬件相关的了。

产品存在的突出问题如下：

- WiFi 抗干扰能力很弱，友商的产品只要在相同区域一开机，自己的产品的信号就会直接掉线；
- WiFi 自动获取最优信道不可靠，基本无法自动切换到最优信道；
- 如果手机和监控设备使用同一个 WiFi，那么监控设备会丢包严重；

- 传输距离达不到设计要求，和友商的产品相比差很多；
- WiFi 模块不稳定，会莫名其妙地崩溃。

供应商在台湾，基本靠线上沟通，虽然供应商态度很积极，但沟通效率很低；供应商技术团队解决问题的能力也比较弱，所以硬件存在的缺陷迟迟得不到解决。眼看着原计划 6 个月的期限临近，产品还问题重重，完全不具备量产的条件。

所以团队只能通过对软件进行针对性的优化，来弥补硬件上的不足。团队没有休息日，持续加班攻坚，有些性能得到了改善，但硬件先天不足，完全靠软件弥补是无能为力的。软件团队已经尽全力提升软件的性能，尽管台湾供应商团队也非常努力，将硬件迭代了好几版，但产品性能仍然无法满足要求。

错失良机

老板和团队讨论了更换供应商的想法，经过分析发现，现在更换供应商为时已晚，因为软件已经与这款硬件做了深度耦合，现在更换硬件，意味着软件无法适配，前面的工作基本白费，和重新开发软件没什么两样。

　　这时候，友商的产品已经趋于成熟，市场经过血雨腥风的激烈竞争，市场份额已经从几十个品牌逐渐集中到几个头部品牌。这就意味着进入这个市场的窗口期已逐渐关闭。老板最终不得不忍痛割爱，挥刀与这个寄予了厚望的新产品做了最终的了断。

案例分析与总结

◇ 对于新产品研发项目，如果技术不成熟，就应该采购成熟的组件，如此才能有效地控制风险。

◇ 对于时间紧、质量要求高的产品，零部件采购的成本不能作为首要考虑的因素，低价的"馅饼"很可能也是项目的陷阱。

◇ 对于需要快速进入市场的产品，组件之间、软硬件之间的耦合程度不应过高，彼此越独立，替换组件的灵活性越强。

◇ 对于采购的组件，应该先验证性能和质量，再进行集成。

◇ 应当先进行项目风险识别和评估，以避免进入高性价比的陷阱。

25. 项目分镜图

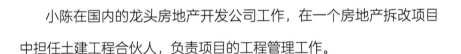

　　小陈在国内的龙头房地产开发公司工作，在一个房地产拆改项目中担任土建工程合伙人，负责项目的工程管理工作。

　　该项目的产品业态为合院，建筑面积 45 万平方米，地点在北京市顺义区。

　　拆改项目是指在完成竣备后拆除部分原结构，重新进行外立面、园林、精装的施工，再对业主进行交付。其中部分位置还涉及园区土方降层，上下五层全部拆改，拆改精装难度极大。同时，本项目为该集团北京公司第一个拆改项目，从项目管理人员到公司工程部，都是摸着石头过河，没有成熟的经验。

从项目建设中暴露出的诸多问题可以看出，原有的模式及工具已无法满足现场管理的需要。项目部根据拆改项目的特点，提出了有针对性的解决方案，解决了项目管理中出现的问题，取得了一定的成效，并在后续的拆改项目中得到了印证。

项目的问题与解决方案包括以下几个方面。

- 分镜图：解决实施依据问题。
- 精装建筑信息模型（BIM）：解决图纸质量问题。
- 样板实施：解决管理依据问题。
- 拆改精装标准化管理工具：输出成果。

分镜图落地

在项目竣备后踏勘现场，取得大产证。大产证落地后立即启动拆改。项目面临的首要问题就是图纸问题，目前有两版图纸：一版是在政府备案的规划图纸，即代表现场现状的图纸；另一版是交付业主的最终图纸，它与销售合同附图及样板间一致，是最终要达成的效果。而如何将一版图纸实施成为另一版图纸，则成了难题。最终图纸是无法作为施工的依据的，因此无法进行拆改总包的招标，所以项目停滞不前。

正常的房地产开发项目均是从无到有的过程，公司没有拆改项目，没有拆改图纸方面的经验。项目部协同设计单位，参考了公建拆改项目，对拆改图纸重新定义，并引入了分镜图的概念。

分镜图也被称为故事板（Story Board），是指电影、动画、电视剧、广告等各种影像媒体，在实际拍摄之前，以图的方式来说明影像的构成，将连续的画面以一次运镜为单位进行分解，并且标注运镜的方式、时间长度、对白、特效等。

在这个项目中，将拆改项目图纸分为 A、B、C 三个版本。A 版为竣备图，也是拆改前的现场依据。B 版为拆改实施图，根据不同专业进行划分，是拆改施工的重要依据。B 版包含了具体要在哪些地方进行拆改，如何布置管线，拆除顺序等内容。C 版为最终效果图。每个专业、每个位置都有对应的图纸，明确标注现场如何从 A 版实施到 B 版，最终达到 C 版的过程。

同时，根据项目的模拟实施，对分镜图进行审核，完成后作为招标的依据。分镜图的落地对于拆改项目来说，是真正开始的第一步，是实施拆改的基础。

精装 BIM

在分镜图落地后，各专业单位开始进行图纸复核模拟施工。过程中发现，图纸质量较差，错漏碰缺较多，各专业图纸不交圈，边界条件复杂，若直接施工会产生较多的错误，返工问题严重。项目部综合考虑后，决定根据分镜图实施 BIM。

显著提升了预留洞口的准确性

原来 C 版的洞口预留正确率只能达到 65%。正确率低的主要原因有两个：一是施工图预留错误；二是施工图与二次深化图不交圈。通过分镜图指导 BIM 优化，所有新开洞口只穿二次结构，避开了对梁、柱等一次结构的破坏。

大幅减少了边界条件的碰撞

通过 BIM 系统梳理精装图、建筑图、机电管综之间的空间逻辑关系。按照碰撞问题的数量及严重性输出风险等级，采用分镜图指导图纸深化及施工。

有效避免了机电使用功能上的缺陷

通过精装 BIM，发现三类机电存在不满足规范、不满足客户对使用功能的需求的问题，比如，燃气废气出口与新风取风口距离太近，新风进排风口距离太近；厨房及卫生间风道未出户；设备间布置不符合使用要求等。采用分镜图指导设计和施工，避免了大量的缺陷。

样板实施

在 BIM 实施后对图纸与方案进行了整体优化，虽然现场已经具备实施的条件，但项目部又遇到了新的问题，就是对拆改实施不熟悉，主要分为以下两个方面。

一是工序方面，由于项目管理人员没有拆改实施的经验，对于大量工序繁多的拆改内容的具体实施方案与实施顺序，心里没谱，尤其是无法对一些拆改过程中的细节进行提前预判。同时，拆改总包低价中标，存在偷工减料的可能性，无法对其实施方案进行审核。

二是工效方面，本项目工期紧张，对于满足进度所需的人员与机械，无法准确判断。

　　针对以上问题，项目部决定实施拆改样板，并对样板进行全面记录分析，输出技术、进度等方面的管理成果，并将其作为大区施工管理的主要依据。

输出成果

　　项目完成后，根据项目实施过程，项目部进行总结，输出了一套拆改精装项目管理工具，作为后续同类项目管理的依据，其中包括 14 个管理要点和明确的实施节点。同时，总结出拆改精装预留工期宜为 1.5 年，拆改精装样板宜在竣备前施工完成，即交付前 720 天启动拆改精装样板的准备工作，在取得大产证后开始进行大区拆改精装。

案例分析与总结

✧ 根据本次的项目管理经验，小陈最大的收获是，面对一个自己不熟悉甚至全新的领域、新的产品，如何通过开展团队协作、制定方案、学习经验，来一点点入手进行项目管理。这个项目之所以难做，最重要的原因是这是一个拆改项目，整个团队都没有管理经验。大家都是从一无所知开始的，最终一步一步完成了这个项目，这个过程锻炼了团队面对未知领域时解决问题的能力。

✧ 项目最终呈现的效果在很大程度上依赖于资源的选用，尤其是这种甲方不熟悉的项目，拆改实施单位的好坏直接决定了项目的成败。现阶段房地产市场下行，很多开发商都是以最低价选择合作方，虽然节约了成本，但是缺点也很明显，因为实施单位的好坏与其报价基本成正相关。对于这种特殊项目，选择资源时也应全面考虑，否则很难达到理想的效果。

✧ 纸上学来终觉浅，这个项目让小陈深刻地意识到了这点。作为公司第一个拆改项目，虽然项目团队前期做了大量的策划、模拟等工作，但真正实施后发现，很多问题还是没有提前考虑到，导致后面遇到很多挫折。再多的策划、模拟也需要通过实施来印证，样板先行是管理工作的重中之重，只有通过样板的实施，才能真正发现问题。

◇ 这个项目历时三年，过程中出现了很多问题。小陈认为一定要对项目进行反思与复盘，因为只有及时地反思，才能总结自身的问题，给下一步改进提供思路。从项目管理角度来说，只有定期复盘才能输出成果，为后续的项目管理提供经验。

26. 末位计划者系统

案例背景

　　澳大利亚维多利亚州城市轨道交通项目涉及多个原有平交路口拆除、新的城市轨道建设等，具有工程复杂、工期紧、节奏快、干扰多等特点。

　　基于以上特点，项目团队感觉到编制项目计划难度很大，不仅需要协调的单位众多，不确定性也非常强。项目还没开始实施，就已经暴露出各分包商、供应商甚至团队内部各专业单位之间的冲突，并且冲突不断升级，项目陷入混乱状态。

管理创新

项目团队经过充分讨论，针对项目的特点，提出了管理创新的思路，引入了末位计划者系统（Last Planner System, LPS）。LPS 和传统的管理方式最为不同的地方在于其引入了一个名为末位计划者的概念，强调了末位计划者与施工现场的重要联系，并将末位计划者作为推动项目的发动机。LPS 强调具体的施工活动安排应采用"拉式生产"，以项目里程碑为终点，从后往前进行计划安排，并且末位计划者应担任主要负责人。图 26-1 简单概括了 LPS 的四个主要阶段，管理内容包括设计项目大目标及制订从里程碑的总进度计划（Master Schedule）到更为具体的周工作计划（Weekly Work Plan）的各种

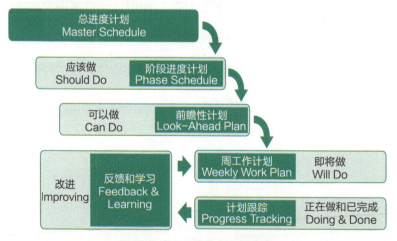

图 26-1　LPS 的四个主要阶段

计划。同时，LPS 在管理过程中强调每周的反馈和学习的循环，要求参与人员及时回顾，保证团队在项目中持续不断地学习和提高。

总进度计划（Master Schedule）

总进度计划只是简单地包含各分部分项工程的里程碑，以及其他特殊里程碑的框架性计划。

阶段进度计划 (Phase Schedule)

以总进度计划的分部分项工程的里程碑或其他重要节点为基础，细化出阶段进度计划，将其作为项目阶段性努力的目标。LPS 强调计划的拉式原则，即以锁定的里程碑为起点，往回倒推完成该里程碑应该包含的工作任务和相互的逻辑关系。从总进度计划到阶段进度计划，只是规划出了我们应该做的工作。

前瞻性计划 (Look-Ahead Plan)

前瞻性计划立足于当前的周计划，再加上前瞻的 4~8 周的滚动式计划。制订前瞻性计划需要依托阶段进度计划，并进一步细化工作任务，还要分析和预判开展这些工作的约束条件和可能遭遇的干扰，团队思考的重点是哪些是可以做的工作。

周工作计划 (Weekly Work Plan)

周工作计划往往在周工作例会上完成，LPS 强调各交叉专业充分讨论，并将讨论结果反映在白板上，白板上呈现的是各专业单位、各分包单位承诺在未来一周将要完成的工作。正是因为需要做出"承诺"，所以工长们应该清楚哪些工作可以承诺，即哪些工作确实具备了即将开展的条件。

任务完成率（Percent Plan Completed, PPC）

在每周的回顾例会上，需要统计本周完成的任务占周工作计划中承诺完成的任务的百分比。如未能达到百分之百，例会上就需要分析影响承诺完成的干扰因素和根本原因，并讨论出解决方案。通过讨论和分析，做到持续学习和改进。

在这个项目中，正因为周计划中的承诺来自工长，即真正在现场执行任务的人，所以如果承诺客观合理，那么周计划实施的可信度就可以得到保证。

通过在白板上不断模拟下周的工作任务，可以让各方充分了解工作任务之间的制约关系。各方沟通完成任务需要克服的障碍和需要不断排除的干扰因素，直至达成一个各方都认同的周计划。这和传统上的总包强推计划有着本质的区别。

周工作计划白板见表 26-1。

表 26-1　周工作计划白板

本周任务总数：＿＿＿＿＿＿＿＿

项目：＿＿＿＿＿＿＿　　开始时间：＿＿＿＿＿＿＿　　本周任务完成数量：＿＿＿＿＿＿＿

阶段：＿＿＿＿＿＿＿　　编制人员：＿＿＿＿＿＿＿　　本周任务完成率：＿＿＿＿＿＿＿

编号	任务描述	最终交付需求	负责人	计划完成时间	实际完成时间	延误原因

遭遇挫折

　　项目团队对这种新的管理模式满怀期待，专门成立了管理变革小组，积极为各子项目的参与方进行培训、辅导和支持。不过现实情况并没有他们想的那么美好，只有少数几个子项目的参与方愿意接受这种新模式，认真学习并将其应用在工作之中。他们不但严格坚持 LPS 的所有原则和流程，还采用了数字化精益工具"Touchplan"，在周计划会上，各交叉专业的工长们对即将开展的工作充分讨论，在达成共识之后，一起摁下"承诺"按钮。各方学习和适应新的管理模式的过程是一波三折的，经历了"好奇 – 受挫 – 畏难 – 犹豫 – 退却 – 挣扎 – 坚持 – 改变 – 精进"的全部过程。

　　然而，更多的子项目就没有这样的好运气了，工长们习惯了传统的管理方法，对新事物没有兴趣，更没有勇气去尝试。他们的想法并非没有道理，客观上掌握任何新知识和新技能都是要付出学习成本的，而且这个学习成本大到让人丧失信心。特别是让传统观念根深蒂固的工长们都做出改变难上加难，他们都曾经历过太多次对新事物的尝试，纷纷在一片反对声中偃旗息鼓。

柳暗花明

在推行 LPS 的初期，积极尝试的分包商其实不可避免地陷入混乱中，冲突激增，项目几乎停摆。坚守传统管理方式的分包商甚至开始冷嘲热讽，宣扬第一次吃螃蟹是要付出代价的，而且这些奇技淫巧注定是华而不实的。幸好，拥抱新事物的工长们没有放弃，在挫折中不断复盘，取得了鼓舞人心的效果，工长们对每周所做出的承诺越来越有把握，也越来越有信心，周任务完成率不断上升。后来，无论是团队士气还是工作效率，采用 LPS 的子项目普遍领先。

"传统"和"创新"的碰撞，为这个项目带来了极大的挑战，但也为项目带来了喜人的改变。

案例分析与总结

◇ LPS 和今天互联网行业普遍采用敏捷开发模式有异曲同工之处：都强调团队自己规划和评估自己的工作，主动拉取任务而不是由上级强压任务；都强调短周期计划，以更好地应对多变和复杂的局面；都强调及时回顾，持续改进。

◇ 虽然传统工程行业的项目管理已经非常成熟，但是随着项目环境的快速改变，节奏变快，变更增多，需要项目团队与时俱进，积极学习和探索新的项目管理模式。传统的工程项目可以精益，也可以敏捷。

◇ 学习新知识、新技能是有学习成本的，而且往往在学习过程中要承受效率下降、冲突增多的阵痛。但只有勇敢面对这些挫折和困难，团队才能实现能力精进和蜕变。

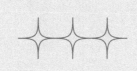